日本語へそまがり講義

林 望
Hayashi Nozomu

PHP新書

日本語へそまがり講義

目次

第一部　読み書きの基本について考える

第二部　日本語の響きについて考える

第三部　言葉の洗練について考える

第一部

読み書きの基本について考える

第一席　漢字は意地悪(上)

漢字を書くのは難しい

日本人として、平仮名、片仮名、漢字の読み書きが自在にできる、というのは常識中の常識だとだれもが思っているかもしれない。

しかし、ほんとうにそうだろうか。

まず、どなたも、次の問題を試みてみていただきたい。

ね、それほど簡単ではないでしょう？　このごろの若いものは漢字を知らなくて困る、なんて言っている人だって、この表を間違いなく完成できたかどうかあやしいものである。

「かな」は、せいぜい五十字たらずの読み書きだから、これはアルファベットを覚えるのと、さしたるちがいはない。問題は漢字である。

だいたい、漢字はどのくらいあると考えたらいいのだろうか。日本最大の漢和辞典『大漢

㊐次の漢字表を例に倣って正しく完成しなさい

漢字	部首	画数	音	訓
(例)秋	禾	9	シュウ	あき
相				
興				
菊				
斗				

和辞典』(諸橋轍次著)に収載の漢字数は四万九千九百六十四字である。むろんその約五万字を、すべての人が見知り覚えているわけではない。日常使われる字数の標準は文部省が定めた常用漢字表の千九百四十五字くらいと見ておいてもよろしいのであろうけれど、それとて、すべてを正確に読みかつ書ける人となると、じっさいはほとんどいないと言っても過言ではない。なにしろ、二千字ちかい複雑な文字を正確に覚えるというのは、アルファベット国民のついぞ経験したことのない過酷な努力なのだから……。

ところが、私たち、古い文献を探ることを職業とする人間にとっては、『大漢和辞典』の五万字でも、まったく不充分だと言わざるを得ないのである。

なぜかというと、ここに「異体字」という問題が横たわっているからである。

そもそも、漢字を含めて、文字は手で書かれるということを前提とするコード体系である。これを、ハンコのように作って、書かずに「印刷する」ということになったのは、書かれる文字の歴史にくらべれば、比較的に最近のことだと言ってもいい。

そこで、手で文字を書くとなると、どうしても、書き癖とか、誤った思い込みとか、皆に共通する誤記だとか、さまざまの変異要素がここに介在してくることを避けられない。いや、それ以上に、漢字というものは、私たちが考える以上に、昔は融通自在な書かれ方をしていたのである。

たとえば、「松」という字を考えてみよう。この字は「木」と「公」の二つの要素から成る。これを偏《へん》と旁《つくり》と称することは小学生でも知っていよう。ところが、「枩」というように、その二要素を縦に重ねておいても、やはり「松」であるには変わりがないのである。あるいは「秋」という字にしても、偏と旁が左右反対になっている字も珍しくはなかった。そういう要素の組みあわせ方が変わっているものばかりでなく、「傘」のように「仐」「伞」「傘」とさまざまの書き方のあるものもあって、その字体の変異種は、微細に観察すると、ほとんど無数にあると言ってもよいくらいであった。

こうした、漢字の形の変異種を「異体字」と言うのであるが、この異体字には、詳しく見ると、正字体に対する略字体もしくは繁字体、隷書篆書《れいしょてんしょ》などの古代字体、俗字、通用の誤字、本来ちがう字なのだが仮に借用する場合（仮借）、草冠に「サ」と書いて「菩薩」と読ませるたぐいの特殊な合体字等々各種の場合があって、それらを正確に認識するのは専門の学者にとっても容易なことではない。

そんな難しい異体字など無視するとして、それにしても二千字もの字を一点一画記憶するだけでも容易なことではない。しかも、そのおのおのの漢字に「音」と「訓」があり、それもまた一通りではないのである。以上のことすべてを正確に使い分ける日本語の筆記能力というのは、世界的に極めて高度な水準を要求しているのである。

振り仮名廃止は罪なこと

されればこそ、たとえば江戸時代の庶民の教育機関たる寺子屋などでは、読み書き算盤というのを、その教程の基本に置いた。その履修を以て、商工人が帳面を付けたり計算をしたりするのに事欠かぬよう、つまり生計のために最小限の教養を授けたわけである。ただしその手習いというのは『実語教』『童子教』のようなテキストの、しかも御家《おいえ》流に書いた行草書のそれだったから、そのかぎりでは、仮名を習うのも漢字を習うのも、それほど大きなちがいはなかったのである。

それはたとえばこういうことである。

いま「分」という字を考えてみよう。この漢字は、ふつう、まず「八」と書いて、その下に「刀」と書く順序であろう。それが楷書的筆順である。ところが、これを崩して書く場合、ふつうはまず「ノ」と書き、次にその下に「刀」を続け、さいごに「﹅」を付け加える。こういう順で、それをすらすらと速やかに書くと、そこに「ふ」という平仮名のかたちが現れるであろう。かくて平仮名の「ふ」を書くのも漢字の「分」を書くのも、じっさいはさしたるちがいはなかったということがこれでわかる。

つまり漢字の筆意というか筆勢というか姿というか、そういう流れのようなものは学んだにしても、明朝体の楷書なんぞをかっきりと書いたりはしなかった。だから活字体のごとくに四角四面な字なんか、ほとんど書ける人はいなかった筈なのだ。

ところが、明治になると、テキストは俄然楷書の活字になった。いままでいい加減に崩して書いていれば事足りたものが、縦・横・払い・止め、等と筆画を正確に学ばなければならなくなったのである。

それでも、明治の子どもたちはまだ幸いだった。どんなに難しい漢語が出てきても、新聞や雑誌は、みな総振り仮名付きだったからである。つまるところ、ある程度の字数さえ書ければ、読むほうはもっぱら振り仮名を拾っていればすんだわけである。

しかるに、戦後になると、どういう理由からか振り仮名というものを原則的に廃してしまった。漢字は漢字のまますんなりと読めなければならないということになったのだ。それゆえ、使用できる漢字の数を制限して、あとは平仮名で書くということにした。

この結果、「語い」だの「落かん」だのと漢字仮名の混じった言葉がたくさん現れて、かえって語意を把握しにくくなった。しかも子どもたちは、その夥《おびただ》しい数の漢字の読みと正確な楷書をせっせと学ばないと非国民的扱いを受けるという仕儀となった。これをお気の毒といわずしてなんであるか。半面、学校教育、とりわけ入試の現場では、「漢字の読み」と「書取」というのが、欠くことのできない出題の必修科目となったのである。

思えば罪なことをしたものである。漢字なぞは、振り仮名を付けておけば、放っておいても、読めるようになるのだ。いわば河を渡る船を取り上げておいて、無理やりに泳がせるような、そうして泳げないやつの頭を小突くようなと言おうか、ともかくそういう底意地の悪いやり方が、現代国語の漢字テストというものなのである。

第二席　漢字は意地悪(下)

書取テストは無駄である

以前、さる女子短大の教師をしていたころ、私は毎年入試問題を作っていた。とくに出題が難しいのは「現代国語」で、曖昧な表現に満ちた「問題文」（つまり悪文の見本ですね）を探してきて、重箱の隅をつつくような議論をふっかける。それが現代国語の入試問題というものの実相であるが、そのなかで、ひとり「漢字」の問題だけは、ごく簡単に出題でき、頭を使わなくても済むありがたい存在であった。

ところが、漢字の書取は、出題は簡単だが、採点は面倒である。私は採点に頭を悩ましながら、つくづく、漢字の書取テストなんて、無駄だよなぁと思った。

たとえば「錯覚」という書取問題を出題したとしよう。この場合、出題者が問いたいことは、この語彙に対して「錯」「覚」という二つの漢字を対応させるということを知っているか否かである。つまり、「錯格」とか「作覚」とか、そういうでたらめな宛字を書くようでは困る、とそのところを調べたいのである。

ところが、さて、実際にこの答案を採点してみると、受験生たちの「字の書き方」はまったく十人十色であって、採点に苦しむ答案が少なくない。

たとえば、「錯」の金偏の上部のカサのような部分の書き方ひとつでも、「八」「人」「入」と様々な形に書き、あるいは片仮名の「ハ」みたいなのがあると思えば、ぐっと崩して「く」みたいに書く者さえある。ここにおいて、採点者の意見が分れる。ある人は、要するに「錯格」や「作覚」でなければいいのだから、細かな字形には目をつぶって、大体書けていれば充分だと主張し、またある人は、やはり、書取の試験なんだから、正確な楷書で書くことを求めたい、と主張する。私などは、漢字は大体書けていれば宜しいという論に与《くみ》するものであるが、それでも、採点していると、しばしば首を傾《かし》げざるを得ないことがある。

たとえば、「錯」の旁の「昔」の部分でも、その上半分を「廿」みたいな形に書いてあるものが出てきたりすると、さて、これは正解にしてもいいかどうか、迷うところである。あるいはまた、「覚」の字でも、この冠の部分の「ツ」のようなところを「川」の如く書いてあったり、「///」のようにしてあったりすると、なんとなく○は与えにくい。ところが、これを△にして減点というような措置をとると、一々に判例集を作らねばならず、それまた容易なことではない。そこで、ごく模範的な字形以外は×にしたくなるのも人情で、事実ほんとうに細かなところまでノミ取り眼で調べ、ささいなことで×にする恐ろしい採点者もたくさんいるのである。このゆえに、塾では、採点者に揚げ足を取られないように、つまらないところまで徹底指導を加えるようになるのである。

では、その字体の模範となる基準的字形とはなにかとなると、これがまた容易なことではない。

活字の文字形（フォント）にも、いくつもの種類があるが、もっとも一般的なのは「明朝体」である。このフォントは、明代の中国において木版印刷のための文字形としてデザインされたもので、あきらかに毛筆筆写体の「楷書」とは異質の字形をもっている。

明朝体の原則は、まず、横画は細く、縦画は太く、横棒の右端上方に三角形の止めを付け、縦棒の上端右方に三角形の入筆を付ける等々である。しかし、実際にはこんな字形に手書きをする人は皆無であって、もしそれを手書きしようとすれば大変な手間がかかるにもかかわらず、受験生の答案には、ときに明朝体の解答が出現する。しかしながら、明朝体では、たとえば「頻」という字の「歩」の部分は「歩」という形であって、「歩」ではない。

一画少ないのだ。それを、そのまま真似て書いてある答案に遭遇すると、どうにも○にはしにくい感じが否めない。さりとて×にもしがたい。

そもそもそういうこと以前に、現代の常用漢字表の字体そのものが、どだいいい加減なものである。

たとえば、「突」という字について考えてみよう。この字は元来「穴」という字と「犬」という字が合わさって出来ている字である。つまり穴から犬が飛び出してくる、とそういう意味を表しているのである。が、戦後の国語改革では、「、」は取ってしまえ、という乱暴至極な論者がこれを遂行したとおぼしく、「穴」から「大」が出ることになってしまった。穴から大が出るなんて、なにやら猥褻な文字になっちまったじゃないか！

しかるに、書取の答案の中には、「突」や「涙」にきちんと「、」を付けてくる場合がある。さて、これを×にできるだろうか。少なくとも、私は×にはしない。これは学問的には明らかに正解だからである。暴論と言われるのを承知で敢えて言えば、意味を無視して簡略化された御都合主義の常用字体、それを一点一画正確に書くなんて必要がどこにあるか。

かくのごとく、書取の試験というしろもの、素人が考えるほどには客観的でも合理的でもなく、その正誤の境界は限りなく曖昧で、そんないい加減なもので受験という人生の大事を左右して良いものとも思えないのである。

まして筆順の問題など論外である。先に「分」の筆順の例で説いたごとく、古くは筆順などずいぶんいい加減で、「個性的」な許容の幅が存在していた。ことに、禅僧の墨跡など、ものごとに囚われない闊達自在の境地を表すために、ことさらにでたらめに書くことすらあった。

だから思いきって言うならば、漢字など、どんな形にどんな筆順で書こうと、「その文字である」ということが分かれば、それでよいのである。

「速く書くこと」のほうが大切

思えば、われわれ文字を書くことを仕事にしている、いわば「プロ」の人間でも、読むことは苦もなく読めても咄嗟には正確に書けないという漢字は少なくない。

たとえば「範疇」という字など、それである。この「疇」字の旁《つくり》は、この字が常用漢字表外であるために、「寿」という略体にはならなかった。「壽」という旧字体のままでなければいけないのだ。ところが、この字は、いつも略体で書いているために、正確にどう書くのだったか、迷ってしまう。それでも、適当に崩して書いておくと、印刷の段階でちゃんとした文字に直ってくる。それでちっとも不都合はないのであるから、実際上「読み」と「用法」さえきちんと分かっておれば、それ以上に「一点一画正確に書く」ということは、社会生活上、必ずしも必要はないのである。それよりも、もっと大切なことがある。

それは「速く書く」ということだ。

書道というような芸術方面はさておき、一般的に言えば「きれいに正確に書くこと」よりも、「速く書くこと」のほうが百倍も千倍も大切である。

女子大の先生をしていて、イライラさせられたことは女子学生たちの文字を書くスピードがあまりにも遅いことだった。中には、いちいち定規を当てながらほとんど神経症的に丁寧な文字をノートに書く女子学生さえあった。

こちらが、せいぜいゆっくり喋っても、彼女たちは、のんびりのんびりと、丁寧なる筆画を以てノートを取っている。当然書くのが追い付かないから、ノートの中身は板書の筆写程度に留まる。それは学問的な態度ではない。

敢えて言わせて頂くならば、小中学校の先生たちは、一点一画丁寧にきれいに書く訓練などしなくてもいいから、もっともっと速く書く練習をさせて欲しい。いちいちノート検査をして丁寧にノートを書く指導なんぞをするのはぜひ止めてもらいたい。そういう指導は学問の敵である。

そのためにも、漢字の書取などは試験から排除するのが本当だと私は思う。

そして、こういった「丁寧に字を書く」ということについての教育的圧力は明らかに男子よりも女子に対してのほうが強い。それは「女の嗜《たしな》み」として「美しい字を書く」ということを求めた女学校的旧習のなごりであるが、そのことは本論の主旨とはやや別の問題なので、ここではこれ以上深入りはしない。ただ、そういうことにさえ、「性差別」があるのだということを指摘するに留めたい。

ともあれ、字の巧拙と文章の中身とは無関係である。古今の大学者大作家で悪筆を以て知られた人はいくらもある。西鶴も漱石も、随分いい加減な宛字を書き、誤字だってちっとも珍しくなかった。

だから、美しい字、正確な字などは、男女ともワープロに書かせておけばよい。人はワープロに出来ないこと、つまり文章を考える、論理を組み立てるというような創造的方面にもっと集中すべきなのだ。それが本当の「情報化」の時代なのだ。そういうことを弁《わきま》えずに、ただ旧習を墨守《ぼくしゅ》して徒《いたず》らに書取などにこだわるのは、つまりたんなる「意地悪」に過ぎぬということである。

第三席　過ぎたるは……

敬語表現の微妙なセンス

ある日、アルゼンチンから手紙が届いた。差出人は、Nさんという日系一世の御婦人で、「もう国を出ましてから四十七年にもなり、戦後を知らない私が感じます事はきっと時代おくれなのだとは承知しております」とあった。戦後まもなく夫君とともにアルゼンチンに移住され、子も儲けられたが、その夫君とも十年前に死別し、今は悠々自適の毎日を送っておられるらしい。その苦難の日々をさまざま思いいでて、和歌に詠んだ一端を綴ってくださったお手紙だった。

なぜ私ごときにそうしたお手紙をくださったかというと、かつて『諸君!』という雑誌に「浮世坊談義」という随筆を連載していたことがあって（この連載は『ホーソンの樹の下で』〈文藝春秋〉という単行本になった）、そこに「三代の御製」という題で、明治大正昭和三代の天皇の御製についていささか所感を述べておいたのを読まれたからだった。

私の文章のなかで、天皇に対して「お出まし」「仰せられる」「おいでになる」などの敬語表現を使っていたのになにかほっとされてのことであったらしい。

しかし、正直に言うと、この問題には、いつも頭を悩まさずにはいられない。敬語といっても、天皇や皇族がたに対する敬語はもっとも難しいもので、それを正確に、定式どおりに用いれば、すなわち『源氏物語』のような調子、すなわち「……せさせ給ふ」「……あゆませ給ひて」とかいうような塩梅になってしまって、それはまたそれでしごく読みにくい文章とならざるを得ない。

だから、私は、そうしたデリケートな文章を書く場合には、かかるうちつけな敬語を使わなくてもすむように、できるだけ天皇を主語にたてて直叙することを避け、むしろあなたざまに淡々と叙述するように心掛けている。なにぶんにも、主語が天皇ともなれば、それに対応する述語にまったく敬語を使わずに書くと、どうしても文章全体が無礼で偉そうな感じになってしまって、書くほうも読むほうも、なんだか心の落ち着きが悪くなるのを避けられないからである。

ところで、敬語には、相対敬語と絶対敬語という二つの体系がある。

相対敬語というのは、かりに甲乙丙三人の人があったとして、その上下関係は甲を最上とし、乙を次とし、丙を最下位とすると、仮に丙が乙のことを話題にして甲に述べるという場合に、乙については敬語を省くというふうなことである。この場合、丙は乙より下位なのであるが、しかし、乙はまた甲に対して下位に立っているので、結局丙はその相互の相対的上下を勘案して、乙については敬語を用いないのである。この乙に対して敬語を用いないことが、すなわち丙から見て甲に対する最上の敬意を表すということである。

これはたとえば、丙を平社員、乙をその上司、甲を重要な顧客、とそんなふうに具体化して置き換えてみれば分かりやすかろう。

甲「ああ、課長の乙君はいるかね」

丙「あ、これは甲様。あいにく乙は外出しておりまして」

と、いうふうに使うのである。

これに対して、絶対敬語というのは、上記の甲乙丙の上下を絶対的なものと見て、どんな場合も丙は乙に敬語をつけ、乙は甲に敬語をつけるという体系をいう。この場合は、

甲「ああ、課長の乙君はいるかね」

丙「あ、これは甲様。あいにく乙さんは外出しておられまして」

といってみれば、こんな風になるかと思われる。

そして、わが日本の敬語体系は、完全にこの前者、相対敬語に属しているので、敬語の使い方は絶対敬語に比べると非常に微妙で難しくなる。いつも関係人物全体の相対的上下関係を計りながら、もっとも適切に敬語を使ったり使わなかったりしなければならないからである。

「させていただく」の下品さ

ところで、このことは、ただに話し言葉だけの問題ではない。

以前、私は、先輩のHさんに、こんな褒められ方をしたことがある。

「林君の文章を読んでいると、なにかこう抵抗が無いというか、すらっとした感じがするのは、敬語の使い方に抑制が効いているからだね」

そう言われて、私は少なからず嬉しかった。

というのは、文章の洗練という意味で、私は、この点にかなり神経を使って書いてきたつもりだったからである。そのことを、ほとんどの人は気付いてくれなかったが、御自身も文章家であるHさんは、さすがにそこを見て下さったのである。

たとえばそれは、こういう場合である。

自分の恩師X先生について何か文章を書くとする。この場合、文章を書くことに慣れていない人や、表現ということに自覚をもたずに書いている人の場合、まず彼の頭に浮かぶのは、大恩ある先生に対する圧倒的な敬意である。その先生が社会的に大きな存在であれば、その敬意は更に増幅されて、ほとんど吟味の余地なく最大限に敬語を使いたくなる。

しかし、そこに落とし穴がある。文章というものは、作者のものである以上に、まずは読者のものでもある（読者のない文章などは存在する意味がない）。そうして、読者にとっては、X先生は恩師でもなんでもない。この場合、相対敬語的には、甲の位置に読者を置き、己は丙の位置にへりくだって、X先生は乙のところに置くべきかもしれない。しかし、そうやって先生に対してまったく敬語を省略して、「X先生はかくのごとく言って、かすかに笑った」というような塩梅に書くと、読んだ人はきっと、「傲慢だなぁ」と感じるにちがいない。といって、「そのときX先生は、かくのごとくおっしゃられ、かすかにお笑いになった」のごとく無批判に敬語ずくめにして書くと、こんどは読んだ人にとって、なんだか「うるさい」という感じが否《いな》めないだろう。

そこで、私はこれをたとえば、「そのときのX先生のしかじかの言葉や、かすかなほほ笑

み を私は今に忘れない」というふうに、さりげなく敬語のレベルを下げ、あなたざまの叙述によって敬語のありかを隠してしまうというように注意深く工夫して書く。すると、無礼傲慢な感じは避けつつ、しかし、うるさい敬語を感じさせずに書くことができる。ただし、それには豊富なボキャブラリーと表現に対する細心の注意力が必要である。要は、表現全体としての、バランスの問題なのだ。

ところが、テレビなどを見ていると、しばしばこのバランスのくるったものの言い方がまかり通っているのを見聞して、うんざりすることがある。その第一は歌手などの芸能人の言葉である。

「このたび、新曲『○○旅情』を歌わせていただくことになりました」

というような言い方を誰も耳にしたことがあるだろう。しかし、これは、そのようにして真摯に敬語を使用しているというよりは、無批判な「紋切り型」としてただ「させていただく」を引っ付けているにすぎない。その証拠に、そうへりくだる必要のないところにまで、この「させていただく」が頻出する。「歌わせていただく」ために「レコード店を回らせていただいた」結果「皆様方に喜んでいただいて」「紅白にも出させていただき」「おかげさまで一人前にさせていただいた」りするのである。こうなると、その心のなかには、別段な敬意などは働いていないことが印象され、結果的に、「慇懃無礼」という感じになるであろう。こういうのを、謙遜的傲慢というのである。

だから、敬語というのは、使うことも大切だが、適切に「使わない」ことも大切な「言葉の洗練」であって、少なくとも教養ある大人は、そういう洗練された言葉遣いを目指したいものである。

が、芸能人などは、まだ許すことにしよう。

最近もっとも目に余ったのは、例の民主党の鳩山代表が、やたらと「させていただく」を連発して止まなかったことである。いやしくも名門鳩山一族の御曹司が……、まことに世も末だと思った。

第四席

お裾分け・おみやげ・おかわり(上)

「お裾分け」で差し上げるもの

お中元の季節には、とかく、ゼリー菓子のようなものを下さるかたがたくさんあって、あまつさえ、仕事で事務所に見える人たちまでもが判で押したようにゼリー菓子を持参される年もある。そういう時、私の周囲にはゼリー菓子が山のように溢れ返り、とても私たちだけでは食べきれないので、あちこちにお裾分けすることにしている。

「これはね、ほんのお裾分けです」

とそう言ってくだんのゼリー菓子を人に差し上げながら、ふと思った。この「お裾分け」ってことばも、考えてみるとちょっと不思議なことばだな、と。

「裾」ということばをここに使うのは、要するに、「取るに足らないもの、ささやかなもの」という謙譲の気持ちを表すのであろうけれど、こうしたことばには、どことなく公家風の雰囲気が感じられるように思われる。

たとえば、三条西実隆の日記『実隆公記』に用いられた料紙の裏の書き付けに次のような例がある。

「京兆より送たひ候程に、御すそわけに一おけまいらせ候」

この紙背の記述は前半が欠けているので、にわかにこのお裾分けが何をやり取りしたものかは分からないが、桶に入れて贈るようなものであったことはたしかで、たぶんなにか食べ物であろうと思われる。

この例は永正八年（一五一一）十月の日記紙背の記載であるから、すくなくともこの日付よりいくらか溯った頃の用例と認めてよい。そのころから段々と一般にも使われるようになって、慶長八年（一六〇三）に刊行されたイエズス会の辞書『日葡辞書《にっぽじしょ》』には、

「スソワケ、人が手に入れたり、他人から貰ったりした物のうちのほんの少し。たとえば、聖者の遺物など」

というように説明されているのを見る。この最後の記述などを読むと、いささか「形見分け」式の発想がからんでいるような感じを受けるが、それは「裾」ということばのイメージに引きずられた民間語源説的偏向であろうかと想像される。

こうしてこのことばは、江戸時代には、ごくありふれた語彙となり、現在でもあたりまえに使われている（だろうなぁ、たぶん）ことは周知のとおりである。

しかし、ここでとりあげようとする問題は、その「裾分け」ということばの故事来歴ではなくて、「なぜ、私たちはそういう裾分けという行動をするのか」ということについてである。

よく思案してみると、裾分けをするのはなんでもよいというわけではなくて、とくに、「郷里から送ってきた名産」「珍しい初物」というふうな「特別のもの」についてである傾向が著しい。

すなわち、裾分けをするということの背後には、「価値のある、または珍しい物」を人と分かち合う、という意味があることに、まずは注意しておきたいのである。

自分の魂を贈る行為

また、これとは別に、「おみやげ」という習俗も、我が国に著しいものの一つである。

「みやげ」という大和言葉は、本来「みや＝宮」と「け＝笥」との熟合したことばで、たとえば、伊勢参りなどに出掛けた人が、所用のために留守を守らねばならなかった人に対して、その参詣のしるしとして、なにか小さなものを買って齎《もたら》すことの謂いであった。すなわち、その「みやげ」を受領することによって、「みやげ」が帯び持っている神仏の御利益をば「お裾分け」にあずかるとでもいおうか、ともかく、そういうあんばいのものであったのだ。

ところが、これをまた「土産」とも書くのは、江戸時代以前から通有の慣例であった。しかるに、「土産」という漢字熟語の意味は、まったく違ったところにあって、それぞれの土地の土着固有の産物、とでもいうほどの意味であろうから、宮からの御利益を頂くというのではなくて、各地の土俗的名産品を持参して、相手にそれを差し上げるということになる。「宮笥」という発想とは方向がまったく反対になるのである。

その相互に全然ちがった方向をむいた「宮笥」と「土産」が、おなじ「みやげ」という一語のなかに習合して括られてしまったのには、むろんそれなりの理由がなければなるまい。

また、こんな習俗もある。

ご飯を食べてしまって、「おかわり」をするというときに、私たちは、すこしだけ茶碗のなかに残して、「おかわりをお願いします」と願い出るということを習慣としてきた。もうそんな古くさい習慣がどれほど生きているか、心もとないことではあるが、少なくとも私たちの年代までは、そのように親から躾けられたものであった。これもなぜそういうことをするのであろうか。

もうひとつ思いだした。

昔は、なにか珍しい食べ物を、よくお裾分けでいただくことがあったものだったが、そのようなとき、仮に重箱に入れて頂戴したのだとすれば、その重箱をお返しするにあたっては、決して空のまま返したりはしなかった。そこに、ほんのお印のように懐紙などを畳んで入れて、それでうやうやしく返しにいくのが礼儀に適ったやりかただったのである。

そもそも、日本人が、人になにかを贈るというのは、その贈り物につけて、自らの魂を贈るということにほかならなかった。

私たちの想像する「たま・たましい」というものは、なにかこう丸いような形の客体的な「もの」で、それ自身肉体とは別個独立の存在であった。

人が「人」であるということは、すなわち肉体が生きて呼吸しているということだけでは不充分であって、そこにつまり「たま・たましい」というものが込められていなければならなかった。

生まれたばかりの赤子は、まだ単なる物体であって、「人」ではなかった。宮に参り、名前をつけると、そういう一連の動作によって、魂が振り付けられ、「人となる」と看做《みな》されていたのである。したがって、新生児は、口減らしでそのまま川に流したりしても、昔の日本人はそれほど罪悪感は持たなかったのが当たり前である。

名前というものは、それらの「たましい」の指標で、そこにはかならず何らかの祈願が込められていた。高貴の人の子に、わざわざ「犬丸・松丸」などのような卑しい名をつけたのは、それによって、子どもが丈夫に育つようにという祈願であった。あえて醜い名を負わせるのも同様の意味合いである。それが、成長するにしたがって、だんだんと名を改め、やがて「何の誰兵衛」というふうな大人の名を名乗り、しまいには出家して法名を帯びるというのも、すべてこれ、その名が、魂の成長していくにしたがって「脱皮」していくシステムであったのだ。

そして、死すれば、魂は肉体を離れ、またどこか遠い母の国に戻っていく。平安時代の物語などには、しばしば「絶え入る」とか「死ぬ」とかいうことばが現れるが、それはわれわれの言う「死」とは同義ではない。昔の「死ぬ」は魂の遊離した状態をいうので、つまるところ仮死状態や失神までもすべて「死ぬ」のうちに含めるのであった。脳死などは、もちろん伝統的には「死」である。したがって、昔の人はよく死から蘇ったりもし、そして、それは一旦遊離した魂が、鎮魂の呪術によって再び肉体に回帰したということの現れであると考えられていたのである。

第五席　お裾分け・おみやげ・おかわり(下)

背後にひそむ農業的思考

『万葉集』巻十七に、次のような歌がある。

家にして結《ゆ》ひてし紐を解き放《さ》けず
　思ふ心を誰か知らむも

越中の国の守としてはるばると赴任していった家持《やかもち》が、おそらくは都の妻に贈った歌であろうと思われる。

「あの都の自宅で、妻が結いあわせてくれた紐をば、決して解き放つことなく暮らしている俺の心を誰が知ろうか」というほどの意味である。ところが、この歌の近辺には、同想の作

が並んでいるのに注目される。曰く、

天離《あまざか》る鄙《ひな》にあるわれを
　うたかたも紐解き放《さ》けて
　　思ほすらめや
大伴池主

また曰く、

天離る鄙に月経ぬ
　しかれども結ひてし紐を
　　解きも開けなくに
大伴家持

これはいったい、何をどのように「結う」のであろうか。具体的な姿まではちょっと正確にはわからないが、おそらく、着物の内側の袖のあたりとか、そういうところに「結う」ための紐が付いていて、それを家にある妻が密かに結うのだ。そうすると、それを解き放ったりしないかぎり、やがてまたこの妻の待つ家に無事戻ってくる、とそういう「おまじない」なのであろう。ただ「紐」ともいい、また「下紐」と呼ぶこともある。要するに、「秘密の結び目」である。

さて、それはいったいどういうことなのであろう。

往古の日本人にとっては、旅は大きな冒険であった。道は険しく、気候は厳しく、宿は未整備で、山路にはしばしば盗賊なぞも出没したであろう。いや、山賊は出ずとも道のそこここにまがまがしい悪鬼や邪悪な精霊のようなものが遍在していた、それが古代という時代である。

そういう不安な場所を通って、遠い不案内なところへ行くというのが旅であるとすれば、その旅から無事に帰ってくるようにするもっとも確実な方法は「おまじない」であった。この「紐結う」という儀礼も、まさにこの「おまじない」であって、その結い目が解けないかぎり、旅立った人は無事に戻ってくることが信じられたのだ。なぜそうなるのか、というと、たぶん、その「結う」という行為のなかに「魂を込める（＝鎮魂）」という信仰が宿っていたと見るのが一番自然である。

妻は、己の魂を分割して、そっと夫の衣のうち（人からは簡単に見えないような内部）に紐を付けてそれを手ずから結いあわせる。そうすると、その「結う」ことによって、妻の魂（の一部）が封じ込められるのである。

熨斗《のし》袋の水引の結び方などをやかましく言うのは、まさにその結びあるいは結いあわせる行為のなかに魂がまじない込められたからに違いない。また、力士が髷《まげ》を結ったり、引退してその髷を解いたりすることに、実際の髪型以上の感慨を込めるのも、まさにその「結う」信仰の一形式にほかならぬ。そのほか、結ったり結んだりすることの例は、日本文学のなかには、掃いて捨てるほど発見されるから、これ以上は例示しない。

要するに、大切なことは、私たちの魂というものは、容易に分割したり、またそれを再合併したりすることができると信じられていたというこの一点である。

こういう思想の背後には、たぶん、一粒の稲籾《いなもみ》から数百粒の籾を生じ、それを繰り返して無限の大数に至るという農業的思考があったものと想像される。

かくて、人が人であることの根底にある「たま（魂）」というものは、ほんのちょっと分割してそれをなにかに結び込めることも可能であったし、そうやって、いずこへでも運搬することもできるのであった。

かくて、妻の魂を一部分割して夫の衣服の紐に結いつけて旅に出すという呪《まじな》いが、充分に説得力を持っていたのである。しかし、分割した魂は、やがてまた元の魂に戻ろうとするであろう。だから、その魂の呪術的威力によって、旅の夫は、無事に妻の元へ帰ることができると推定され得たのである。

魂は分割され、成長する

かくして、ご飯をおかわりするときに、なぜ一部分だけを残して茶碗をさしだすのかということも理解される。あれは、茶碗のなかに、一部分米の魂を分割して残しておくと、その呪術によってまた茶碗一杯の米に成長するのである。しらずしらず、そのような「まねび」によって魂の成長＝豊穣を祈願する習慣が醸成されたものと看做され得る。

ところで、我が国の国歌は言うまでもなく『君が代』であるが、そのなかに「さざれ石の巌となりて苔のむすまで」という表現がある。この表現の背後にあるものは、もともとちいさな小石（さざれ石）であったものが、やがて成長して「巌《いわお》」となり、さらにその「巌」に苔がむすまで、ということであって、そういう言い方で「千代に八千代に」の途方もなく長い時間（長命）を象徴させているのである。

これまた、石にも魂があって、徐々に成長していくという日本式の考え方がこう歌わせるのだ。そうすると、その巌を砕いて小石となしても、やがてまたその小石は大岩に成長するのであろう。

かくて、万物のうちに籠もる魂は、分割され、運搬され、伝播され、そして成長し増殖する。

ここまでくると、なぜ「宮笥」と「土産」がおなじ「みやげ」なのであるか、説明できるであろう。

すなわち、いずこの土地にも、国魂というものが宿っていて、これもまた小さく分割することができる。土地の名産を国主や朝廷に献上したりするのは、まさにこの国魂を分割して、それを上位の権力に奉る行いにほかならない。

それを、もっとずっと低位のものに伸長して考えると、すなわち、「土産」というものになる。土産を持参するということは、ただの物を贈るのではない。その土地をその場所たらしめている魂をば、少々ばかり分割して、好意ある相手に贈る（またはそうすることによって恭順や服従や尊敬を表示する）行為だということである。

では「宮笥」はどうか。こちらは、参宮できない人間は、金とかお札とか米とか、ともかく霊力あるものを参宮する人間に持たせる。「餞別」というのがそれである。餞別を貰ったということは、そのくれた人の魂を一部あずかって、自分が代表して参詣するということを意味するから、かならず、その見返りに、神様から有難い魂を一部分分割して授かり、それを国で待っている人に授けなければなるまい。これが宮笥だ。

こうして、神からの魂か、国魂からの魂か、その違いはあっても、「もの」が「たましい」を運搬し授与する仲立ち（メディア）となるという風に抽象するならば、結局「宮笥」も「土産」も、心理的には同じことだということになるであろう。

「裾分け」も、こういう習俗のすこしく姿を変えたもので、だから、つまらない、由緒のないものは、裾分けの対象にならず、郷里から送ってきた農産物なんてのがもっとも本格の「裾分け」だということになるのである。

こうして、日本人は、なにかにつけて、ものをやったりとったりしつつ、その心のなかでは、目まぐるしく魂のやり取りをしていたのであったが、そういうことはたぶん欧米の人には理解されない消息であるかもしれない。

第六席　読まずに書くということ

「金鶏自助火鍋」の読み方

最近、視覚障害者のために本を朗読してテープに録音するというボランティア活動をしておられるかたから、問い合わせの手紙が届いた。拙著『リンボウ先生遠めがね』（小学館）のなかの漢字をどう読んだらよいか分からないから、教えて欲しいという懇篤《こんとく》なる手簡《しゅかん》であった。こういうことはよくあるので、私は、気軽に筆を執り、問い合わせの漢語の読みをカタカナで書き下す作業を始めた。

すると、しばらくして、私は頭を抱えてしまった。

自分で書いていながら、それをどういう風に読んだらよいのか、はたと困ってしまったのである。

たとえば、台湾紀行のなかから、こんなところ。

「真黄っ黄のテントに赤い字で『金鶏自助火鍋』と大書する」

さてこの「金鶏自助火鍋」を何と読むか……。

仮に中国語の標準的発音で書くとすれば、おそらく「ヂヌヂィチーズォーフォクォ」だろうか。が、私自身は中国語を少しも知らないので、むろんそのような音声としてこの単語を読んで書いたわけではない。

正直に言えば、この看板の文字を、私が目で読んだとき、心中に思い浮かべていた音声は「キンケイジジョヒナベ」であった。が、「火鍋肉」という料理を「ホーコーロー」と読むことは「知識」として知っていたから、同時に「キンケイジジョホーコー」という読みも、あたかも影のごとくに想起されていたかもしれない。

さて、ところで、この朗読ボランティアの人のお尋ねは、こうした言葉を、日本式の音読みにするのか、それとも、中国語発音の転写にするのか、ということで、熱心なるこの人は、いちいちの言葉を中国語辞典で調べて、懇切に「ヂヌヂィチーズォーフォクォ」という風な中国語発音を傍記しておいてくれた。

しかし、「ヂヌヂィチーズォーフォクォ」という中国語発音などは、まったく知らないこちらとしては、この文章を書くに際して、中国語発音で書いたわけではもちろんない。ところが、では日本式音読みにしたかと問われると、それも違う。

純然たる日本式音読でこれを書けば、「キンケイジジョカカ」とせねばなるまいが、「鍋」を「カ（クワ）」と読むなんてことは日常には意識しない。そうして、私たちの心のなかでは、この「鍋」という字を見た途端に、些《いささ》かの躊躇もなく「なべ」という「やまとことば」が思い浮かばれるのである。だから、私の脳裏なる、この語の読みは「キンケイジジョヒナベ＋ホーコー」ということであって、まあ言ってみれば、「これはどう読むんだろうなあ」とでもいうほどのところであったのだ。

つまるところ、私はこの語を何と読むべきかという意識なしに、ただグラフィックとしての「文字づら」だけを見て、なにの不都合もなくさっさと文章に書いたのだということになる。この語についていえば、そもそも、「正しい読み方」なんて存在しなかったのである。

また、こんな文章もある。

「バッタを主とする『活餌《いきえ》』、さらには、その活餌を養うための蟻粉、と食物連鎖に従って、鳥関係のものはおよそ何でもある」

この「蟻粉」が問題である。

中国語発音で言えば、これは「イーフェン」であろうか。ところが、むろん私は、そんな風に読んでこの語を認識したわけではない。が、さてでは「アリコ」と読んでこの文章を書いたのかといわれると、どうも違う。それならば日本式の音読み「ギフン」と読んだか……。いや、そうではなくて、「ギフン」とも「アリコ」とも読まずに、文字づらから直ちにその「意味」を認識して、「アリノコナ」と無意識に読んでいたのかもしれぬ。で、読み未定のままこの文章を書いたのだ。

さてさて……。

黙読は現代の習慣

そもそも、大昔中国から「漢字」という恐るべき文字体系が輸入されたとき、わが祖先たちは、ちょっと呆然たらざるを得なかったであろう。遣唐使帰りの留学生たちでもなければ、その文字体系の読みも意味もまったく理解のほかの「悪魔の文字」であったに違いないのだ。

中国語には古来、四声というものがあって、たとえば仮名でかけば同じ「マー」であっても、アクセントの違う四つの発音があり、そのアクセントによって意味を聞き分けていた。そこが、元来、そういう概念のない日本人にとっては、その使い分けは至難のことだった。そこで、中国人であれば容易に耳で識別できる文字（と意味）が、すべて同じ「音《オン》読み」になってしまって、結果的に、夥《おびただ》しい同音異義語が出現することとなった。

また、平安鎌倉期に通行した、「文選《もんぜん》読み」という方便も、いわば漢字漢語の読みの困難と意味の難解さを何とか解決しようという窮余の一策であった。

これは、たとえば、「婀娜《アダ》」という漢語があったとして、その「アダ」という字音は、直観的には思い浮かばなかったというのが当たり前であったろう。そうして、この語は、女の柔らかな美を形容する語であるが、ただに「アダ」と言ったってその意味はわからない。

そこで両方をいっぺんにつなげて、「アダとたおやかに」と音訓両方で読むという無茶なことをやってのけたのである。これを「文選読み」という。文選読みの現在まで残った形が、たとえば「ニドとふたたび」というような言い方である。これは「二度」という漢語を音訓両方ならべて「と」で繋いだ文選読みにほかならぬ。

そうなると、これらの漢語を前にしたわが祖先たちの心持ちは、「金鶏自助火鍋」や「蟻粉」を目睹《もくと》した折の私の心事とほぼ同じであったと思われる。

つまり、より詳しくいえば、私の心のなかでは、グラフィックとしての「漢字の文字づら」と日本語としての「意味」の両方をいっぺんに認識していたということだ。

中国人にとっての漢字は、一種の「表音文字（『表意文字』ではありません。念のため）」として認識されるのに対して、日本での漢字の受容は、まったく表意文字としてのそれであった。だから、われわれ日本人は、グラフィックな「形」として漢字を認識し、「音声」としての認識はやや曖昧なところがあったのである。

こうして、音声的差異にはほとんど目をつぶって無批判に中国語から転訛した「漢語」を受容した結果、夥しい同音異義語が生じ、中国人だったら耳で聞いてわかる「語意」が文字を見ないと分からないということになった。漢語は、語彙や表現を豊かにはしたけれど、反面、耳で聞いて分かりにくい性格を付与する結果ともなったのだ。

これを要するに、私たちの日本語のなかに混在する漢語は、どう読むかを知らなくとも、その「意味」を直接に「読む」ことができる、という珍しい性格を備えていることが分かる。

もっともそうなったのは、比較的に新しいことで、明治時代くらいまで遡ると、我々の祖先たちは、いちど必ず「音声」としてことばを「読む」段階を経なければ、その意味を把握できない習慣になっていた。それは、漢文の素読などの教養がそうさせたということもあるが、本来の「やまとことば」が、口から耳へという形で伝達される「音声の言語」という性格を強く帯びていたからである。

だからそこへ、難読の漢語・同音異義語が夥しく混在するようになったとき、そのいちいちの漢字漢語に「ふりがな」をつけて容易に朗読できるようにしないと、とても「読みにくい」と感じられたのである。

だから、もし明治時代のように、かならず振り仮名を振ることが常識であったならば、私はきっと、この文章を書く段階で、まず適切に「読み方」を定めなければならなかったであろう。ところが、振り仮名の廃止によって、黙読が原則になった現代にあっては、いまここに告白したように、ろくに漢語の読みを考えぬままに、文章に綴ることが可能になった。かくて朗読者が無用の苦悩を味わわされる結果となったのである。そのことが、いま振り仮名復活論者の私の胸に、反省を込めて、思い知られたということである。

第七席　元禄ヤンキー(上)

ことばは移り変わるもの

いつの世にも、口やかましい人というのはあるものである。それが齢もすでに傾いた頑《かたく》なる親爺の言うことならば、それなりに、さてもあるべしと納得せられるものがある。

しかし、笑うべきことには、これまたいつの世にも、ほんの十七、八歳というばかりの女子高生などが（私は、みずから一人の娘をもち、かつ女子高や女子大で長年教鞭を執ってきたのでよく承知しているのであるが）、口疾《くちと》くも言い募ることことがある。

「そーよねー、超ムカツクー、最近の中学生って、マジ、口のききかたもしらないんだからあ」

おいおい、冗談はよせと言いたいくらいだが、彼女たちは決して嘘や出任せで言っているのでもないのである。そういう形で、彼女たちは、自分たちの世代が、ひとつ「大人の世界」に足を踏み入れたということを表明しているわけである。

こうした意見は、どの世代どの時代にも共通するので、つまるところ、むかしからそういうことばかり言い言いして、時代が移ってきたということである。

兼好法師の『徒然草』第二十二段に、

文の詞などぞ、昔の反古どもはいみじき。たゞいふ言葉も、口をしうこそなりもてゆくなれ。いにしへは、『車もたげよ』、『火かゝげよ』とこそいひしを、今様の人は『もてあげよ』、『かきあげよ』といふ。(略)。くちをしとぞ、古き人はおほせられし。

などと言ってあるのを見ると、「古き人」に下駄を預けてはいるのだけれど、さしずめ兼好なども、この口やかましい親爺たちの一類であったことが想像される。

元来、「もたげよ」は「もてあげよ」、「かかげよ」は「かきあげよ」の縮合形だから、兼好が今様で「くちをし(=いただけない、よろしくない)」と非難している形のほうが、じつは古風なのであるが、この当時は、モタグ、カカグ、というほうが、京風のすんなりと雅やかな言いぶりだったのだろうと想像される。そうして、現在でも「かま首をモタゲテ」「旗をカカゲテ」などという特定の語法が残っているのは、その京風の言いぶりの残影である。しかるに、江戸時代の初めごろ、慶安三年（一六五〇）に出版された『かたこと』という本を見ると、このことについて、次のように言ってある。

吉田の兼好法しは後宇多院の時の人なり。そのころさへ早《はや》いやしきこと葉のはやり侍るとて、車もたげよ、火かゝげよといふべきを、もちあげよかきたてよなどいへりしを歎きて、つれづれ草に書《かか》れたるにや。今はその、もちあげよ、かきたてよが、よきこと葉の品になり侍るにや。かゝげよ、もたげよなどいひ侍らば、人笑ひになり侍るべし。まことに歎かしきことならずや。

この書物は、松永貞徳の高弟で貞門俳壇の重鎮であった安原貞室という口うるさい親爺が孫のためと称して書き残した「言葉の小言《こごと》集」であるが、そこには、見よ、兼好の挙げた「良い言葉」が、すでに「物笑いの種」に成り下がってしまったことを嘆いている。

こうなると、一体、良い言葉、悪い言葉とはなにかということが、一向に分からなくなってくる。

もうすこし、この『かたこと』を探ってみると、まことに愉快な事実が浮かび上がってくる。以下、少々例を挙げる。

一、物のいかめしくおほきなることを、でこ、でつかい、にくじなどゝいふこと、いとさもしう聞ゆ。いはずとも有べきことにや。

一、物の不浄なるを洗ひきよむるをゆすぐというは如何《いかん》。すゝぐと云べしと云り。

一、疾《とく》とゝいふべきを、とつくとはいかゝ。

一、あちこちといふべきを、あつちこちなどつめていふはあしかるべし。

一、同じことを、おんなじこと。

一、余りを、あんまりと、はぬるもいらざること成べし。

もはや、このくらいで充分であろう。ここで良からぬ語法としてやり玉に挙がっている「でっかい」「ゆすぐ」「とっく」「あっちこち」「おんなじ」「あんまり」などを、こんにち下品だとして非難する人はまずあるまじく思われる。

つまるところ、そのくらい、言葉というのははかなくも移り変わっていくものなのである。いや、そのはかなく移り変わるところに、言葉というこの摑みどころのないものの「実相」がある。

「正しい形」に押し留めることの無理

それを、しかし、ある一定の「正しい形」のなかに押し留めたいという願いを持つ人も、これまた開闢《かいびゃく》以来、絶えずあったのに違いない。かかる態度を「規範的立場」という。たとえば、文部省の管轄する国語審議会なんてのが、その規範的な立場の権化であるが、なんのことはない、件《くだん》の審議会の言うところ自体、ころころと変わって、まったく朝令暮改の甚だしいのは、じつにこの言語というものの、曖昧なる性格をよく物語っている。

床屋談義のレベルでは、こうした規範的言語意識もそれなりに存在価値を持っているというべきであるが、そればかりを強調すると、どうやっても移り変わっていく言葉の実体と、それを記述する言語規範との間に大きな分裂が生じて、いわゆる言文不一致の状態が惹起《じゃっき》される。

江戸時代における、いわゆる「候文」の手紙文や、変体漢文とも疑似漢文とも言われる、御触書の類の法令文体などは、そのもっとも典型的な例である。いかに江戸時代といえども、あのように妙竹林な文体で喋っていた人などありはしなかったのである。

いっぽう、こうした「規範的立場」とは正反対の立場にたつ人たちもある。積極的に言語の「移り変わり」を容認して、そこに、新しい言語の姿、言い換えれば前衛的な言語様式を認めていこうとする立場である。

明治期の言文一致運動など、その一例なのであるが、かかる立場が明治の文明開化に始まったと思うのは大きな勘違いである。

たとえばまた、江戸以前からの長い伝統を有する一分野として、学芸の講釈という方面がある。室町時代の「抄物《しょうもつ》」(主に中国古典の口語注釈本)、江戸の儒者の講釈筆記、心学の講釈など、今日の芸能としての講談に聊《いささ》かの血縁を保っているところがあって、すなわち、これらは、平易にこなれた口語文で(つまり一種の言文一致体で)書かれていることは、すでに拙書『書藪巡歴』(新潮社)のなかの「講釈の面白さ」という小文で詳述したところである。

しかるに、これらは、先生の嚙んで含めるような講義をそのまま筆記したがために、結果的に言文一致的な趣を呈したもので、必ずしも意識的に言文を一致せしめようと計ったものではない。

意識的に口語で文章を書くということを試みた最も早い例の一つに、『ハビヤン抄天草本平家物語』というものがある。

これは安土桃山時代に西洋から渡ってきたキリシタン（イエズス会）の一派が、当時最新の技術であったグーテンベルク式の印刷機をはるばると持参して、それを用いて主にローマ字の（日本字のものもあるが少数である）書物を刊行した、いわゆる「キリシタン版」のうちの一つである。

そうして、こういうものをわざわざ出版した意図は、西洋人の宣教師ないし修道僧たちが、布教のために日本語を学ぶと同時に、日本の歴史をも勉強しようというところにあった。そこで、できるだけ、当時の口語に近い文体で、平家物語をリライトして世に出したのである。

それは、たとえば、こんな風に書き始められている。

第八席

元禄ヤンキー(下)

超口語的表現の長い伝統

右馬之允《うまのじよう》 検校《けんぎよう》の坊、平家の由来が聞きたいほどに、あらあら略してお語りあれ。

喜一(検校) やすいことでござる。おほかた語りまらせうず。まづ平家物語の書き初めにはおごりをきはめ、人を人とも思はぬやうなる者はやがて滅びたといふ証《しやう》跡《ぜき》に、大唐《だいたう》、日本《につぽん》においておごりをきはめた人々の果てた様体をかつ申してから、さて六波羅の入道前《さき》の太政大臣《だいじようだいじん》清盛公と申した人の行儀《ぎようぎ》の不法なことをのせたものでござる。

あの華麗なる対句に満ちた、美文の精華ともいうべき『平家物語』の原文と引き比べて、これがいかに生き生きとした口語平文で書かれているか実感されるであろう。ここは、冒頭なのでまだいくらか畏《かしこ》まっている感じがあるのだが、だんだん調子が出てくると、たとえば「この両条は前代未聞の狼藉でござるによって、罪科に行はせられいではかなはぬ儀ぢゃほどに、官位をもはがせられいではかなふまじいと、まっくろに訴へられた」などという表現が現れる。「まっくろに訴へられた」というのは、怒りのあまり顔色がどす黒くなることで、「真っ赤になって怒った」というのの甚だしい場合の俗語表現である。

こうした室町時代の口語体は、狂言の文体として保存され、現在でもなお耳にすることができるが、いっぽうで、文学史の流れのなかでは、滑稽話を語る笑話本または咄本というジャンルのなかへ流れ込んで江戸時代を通過し、やがて、落語という話芸に昇華していったのである。

さて、ふつうの人がふつうに語る言葉を文章に写すというベクトルとはちょっとまた違った方面で、わざわざややエキセントリックな言葉を敢えて使おうとした人達も、江戸時代にはあった。つまり、口語の文章化による言文一致というところを通り越して、わざわざ人が眉を顰《ひそ》めるような刺激的な超口語的表現を文字に写して得意がるとでもいったらよさそうな行きかたである。

おなつの空にほゆる郭公

この句は、心程ことばはよわくたらなひけれども、かのつらゆきと云男がはじきいだせし歌の序に、「小町と云めらふが歌は、なよなよとよむ。女の歌なればなり」とほぢやくを、おなつ女良にめんじて、すこしはほのじで、点をかけたぢや

短夜に星の親ぢの月澄て

「時鳥ちほゆるかたを詠やれば星のおやぢの月ぞ残れる」と、くせ物の歌によくあひました

これは『清十郎ついぜん、やつこはいかい』というもので、例のお夏清十郎事件で死罪に行われた清十郎の七回忌追善ということを謳って寛文七年（一六六七）に江戸で刊行された連句《れんく》一巻ならびにその評言の一部である。

こういうものに馴染みのないかたからすると、ちょっと分かりにくいかと思うけれど、かい摘んで言えば、すなわち、前の句は「夏の空にホトトギスが一声鳴いた」というなんでもないことを、お夏にひっかけてわざわざ「おなつの空に」といい、鳴くと言わないでわざわ

ざ「ほゆる（吠える）」と乱暴に言いなした、ただそれだけの遊びなのだ。「郭公」はたぶん「かっこう」と音読するのだろうと思うが、意味はホトトギスのことである。この時代、ホトトギスは「郭公、時鳥、杜鵑」等いろいろな字を宛てたが、なかでも「郭公」と書くことがもっとも多かったように思う。それで、それをカッコウとも読みホトトギスとも読んで別段意味上の違いはなかったのである。

さて、評言は、ただ紀貫之の『古今集仮名序』を乱暴極まる言葉遣いに俗語訳（？）したものである。「めらふ（女郎）」「ほぢやく」「ほのじ」などは、甚だしい俗語で、これは今でもまれに（ごく乱暴な人が）使う場合がある。また付句のほうは、「ほととぎす鳴きつるかたをながむればただ有明の月ぞ残れる」という後徳大寺実定の有名な一首をもじっただけのものので、この場合は「おやぢ」「ちほゆる」「くせ物」などが、同じ意味で通俗乱雑なる語彙である。

そうして、こういう品性下劣な言葉をば、「やっこ言葉」という。「やっこ」というのは、主に旗本崩れのならず者集団の謂《い》いである。

戦国の世が終熄《しゅうそく》して、太平の御世ともなると、すっかりやることがなくなってしまったのが旗本御家人などの武士たちで、戦がない以上、たとえば二男三男なんぞの男たちは、戦場の手柄によって一旗揚げるというわけにもいかず、ただただ事実上の飼い殺しで腐っていた。そういうデカダンスに陥っていた連中が、無頼放埒なる徒党を組み、そこらじゅう暴れ廻ったということがあった。言ってみれば、現代の閉塞状況に破れかぶれになったアンチャンたちが、バリバリのオートバイにのり、異様な風体で騒ぎ廻るというのとおなじことだったのである。

そうして、それらのならず者集団には、かれら独特の「仲間言葉」があった。現代でいえばさしずめ「ヤロウがよ、ハクいスケと歩いてんからよ、ガン飛ばしてやったらよ、シカトこいてよ、バックレンジャネェよ」というようなおぞましい言葉遣いをわざわざ俳諧の世界に持ち込んだのが、つまりこの『やつこはいかい』だったのである。いかに洒落の世界とはいえ、安原貞室先生のごとき小言先生は、さぞ眉を顰めたことであったろうと想像される。

西鶴、芭蕉のヤンキー言葉

ところがしかし、俳諧の世界では、こうしたムーヴメントに否定的な思いを抱いた人ばかりではなかった。後に、江戸時代を代表する小説家となった俳人井原西鶴や、「俳諧文芸」を一己独立の隆々たる文学世界に育成確立した松尾芭蕉なども、その急先鋒であった。

寛文十二年（一六七二）、芭蕉という号はむろんまだ影も形もなく、単に伊賀上野の松尾宗房《むねふさ》という二十九歳の一地方俳人であったころ、彼は『貝おほひ』という一巻の句合わせを編纂して、これを伊賀上野の天神様に奉納した。俳人芭蕉の処女著作であるが、これがまた、やっこ言葉とはやり歌に満ち満ちている。

たとえば、その第十二番の「小六方《ころっぽう》の木《き》ざしや菖蒲刀《しょうぶがたな》の身《み》」（子供が端午の節句の飾り物の木太刀《きざし》をさして暴れ廻っているのは将来やっこ連中になるきざしであろう、の意）という句の判詞《はんし》（句合わせの左右両句の優劣を判定して述べる批評のことば）に、「これさ、爰許《ここもと》へ、小六方と、ほざけだいたるでつちは、うるしいこんでは、あるではあるぞ（これ、ここにこのように小六方などとほざき出た丁稚小僧は、末頼もしく嬉しいことであることよ、とでもいう意）」などとふざけ散らしているのは、まさに、このやっこ言葉のオンパレードなのだ。また第九番の句。

「鎌できる音やちよいちよい花の枝」

作者は露節ということになっているが、芭蕉の自作かもしれぬ。で、この句の眼目は「ちよいちよい」という表現にある。前出の『やつこはいかい』にも、「ちよいちよいや花のやうなる茶やのかか」という句が見えているが、これは、悪処たる歌舞伎芝居などの見物の場で、役者を褒める掛け声「ちょいちょい！」というのをここに援用したのである。

どうして、褒め言葉が「ちょいちょい」なのかといえば、これは元禄の浮世草子『けいせい色三味線』鄙の巻に「一能々」という漢字に「ちょいちょい」という振り仮名を付してあるのからも推量されるように、「いっち良い」という言葉が口早に訛った結果の掛け声なのである。そしてその「いっち」というのは、「一」であって、「一番、一等」の意味である。で、歌舞伎のような縁でもないところへ出掛けて行って「ちょいちょい！」なんて掛け声を掛けているのは、すなわちカブキモノ（＝やっこのごろつき連）にほかならなかった。だからこそ、貞室の『かたこと』にも「いちといふべきを、いつち」として感心しない言い方の一つに挙げてあるのである。

かくのごとく、いわゆる規範的意識に囚われないで、すすんで新しい語法を模索する態度からすると、従来感心しないと見られていた言葉（俗語、隠語など）のなかにさえ、文学の豊かな鉱脈が探り得られるのだということがわかる。

すなわち、後には俳諧の聖人のようになってしまった芭蕉その人は、若き日、出発の時においては、あたかも今日のいわゆるヤンキーのごとき言葉を縦横に駆使して、その文学世界を世に問うたのだということを肝に銘じておく必要がある。

遠き昔の絵空事ではない。たとえばまた、橋本治さんの、いわゆる「桃尻語訳」ものの文体や、ひいては俵万智さんの新しい短歌表現、さらには黛まどかさんの東京ヘップバーン俳句の世界にまで、遠くその余波は及んでいるのだと見ておいてよいのである。

第二部

日本語の響きについて考える

第九席　隠された快感(上)

日本語は歌いにくい

日本語は難しい言語である。と、いっても、俗によく言うように「外国人にとって日本語を習得するのは難しい」という意味ではない。どうやら、日本語という言語は、私たちが（なかば得意がって）言いそやすほどには外国人にとって難しくはないらしい。ドイツ人のS博士、イギリス人のS君、B教授またP博士など、日本語の達人は私の周りにも結構たくさんいるが、彼らは口を揃えて、「いや、林さん、日本語は決して難しい言葉ではありませんよ」と言う。日本語は案外易しいらしいのである。

いま私が、ここで日本語は難しい言語だという意味は、その意味ではなくて、歌曲として「歌う」場合に、歌唱表現上難しい（歌いにくい）ということである。

私自身、声楽を勉強し始めて八年ほどになる。その以前には、十数年間、能の謡い（謡曲）を勉強してきた。即ち、私は、こと「歌う」ということに関しては、和洋兼学という珍しい立場に立つものである。そして、かつて謡曲を学んでいた時は、日本語の発音が難しいなどとは、露ほども思ったことがなかった。しかし、西洋の声楽を学ぶに、イタリアの古典歌曲から始めて、イタリア近代歌曲、フランス歌曲、イタリア語のオペラアリア、と進み、やがて日本歌曲を多少なりとも歌うようになると、そこではたと困ってしまった。非常に歌いにくいのである。

なにがいったい、その歌いにくい原因であるか。私はつくづくと考えた。そうして、たぶんそれは日本語の音韻構造に起因するものであろうと思い当たった。

まず日本語の音韻上の（インド・ヨーロッパ語族の諸語に比べての）大きな特色は、ア行音と「ン」を除いて、総ての文字は「子音＋母音」という一組の組み合わせからなり、二重子音は原則的には存在しないということである。いや正確にいえば、多少は存在するのだが、それを文字に書き表す方便がないといったらよいかもしれない。そこで、「st－」「cr－」「spr－」「－mbr－」「－rg－」などのような二重三重子音がたくさん含まれている言葉にくらべると、いちいち子音で口唇部の形を作り直し、各子音ごとに母音で音を出すということを繰り返さなければならない。

そのために、音韻の流れが細切れになり、渋滞するということが避けられないので、イタリア語やドイツ語のような潑溂《はつらつ》たるリズムが形成されないのである。

そうして、なおかつこの母音にも歌いにくい点がある。それはいわゆるベルカント唱法というのが、本来的にはイタリア語に依拠しているからで、したがって、各母音をイタリア語的に歌わないとうまく発声が乗らないように出来ているのである。

日本語のアイウエオという五母音のうち、比較的イタリア語のａｉｕｅｏに近いのは、アとオである。これに対して、最も遠いのはウである。しこうして、イとエも、実際にはそうとうに違う。

ベルカントにおける「ウ」は、唇をかなり前方に突き出すようにして口のなかに奥行きの深い空間を作りだし、その上で充分に鼻腔に響かせるようにして発音する。たとえば、有名な『サンタルチア』の歌い出しのところ、「Sul mare lucica」というこの「ス̲ル」のところは口をすぼめ、軟口蓋《なんこうがい》を充分に押し上げながら、かなり強い息で子音を摩擦しつつ明確に発音される。それでこそ、あの朗らかなイタリア民謡らしさが出てくるのだ。

これに対して、日本語の「ス」は、口のなかの開きが殆ど無く、口先のごく浅いところで、弱々しく発音されるのが普通である。それゆえ、しばしば「ス」は無声化して、「ｓ」

だけの音として発音されることもある。

たとえば、『船頭小唄』の冒頭のところ、「俺は河原の枯れすすき」と歌われる、あの「ススキ」という音を想起してみよう。この時、普通の日本人は殆ど唇を動かさずに、ただ小さく上顎部に息だけを当てるようにして、かそけくもこの単語を発音するに違いない。ここを、ベルカント的に「ka - rre - sû - sû - ki」とでもいう按配《あんばい》に発音したら、随分と異様な感じがするであろう。ただ異様な感じがするだけでなく、このベルカント的な「ス」は日本語の音に準《なぞら》えて言えば、やや「ソ」というに近く聞こえるために、いったいこの単語が「ススキ」なのか「ソソキ」なのか聞き取りにくくなってしまうのである。

かくて、「ス」という文字で表される日本語は、「su」という文字で表されるイタリア語とは、まったく違う音を持っていることが分かる。

ここに、ベルカント的発声と日本語の音韻との不協和という現象が生じてくるのである。オペラ歌手が歌う日本歌曲が、しばしばその語義を聞き取りにくいのは、実にこの理由による。その意味ではむしろ、演歌歌手やフォークシンガーの、呟《つぶや》くような（響かさない）歌い方こそが、やはり本質的には日本語の音韻構造にマッチしているということは、遺憾ながら事実である。

『こいのぼり』には秘密がある

では日本語の「イ」と、ベルカントにおける「i」とはどう違うか。ここでもまた、日本語の「イ」は口の中の空間が極めて小さい。舌は平坦な形で上顎に接近し、ごく僅かにあいた平べったい空間を押し出すようにして、イ段音は発音される。ところが、ベルカントの「i」はまったくそうでない。ここでもまた、遠くまで音を響かせることを主眼とするベルカント唱法の「i」は口の奥のほうをかなり高く広げつつ、なかば鼻に抜くようにして発音される。この結果、聞こえてくる音は、日本語に準えていえば、いささか「エ」に近くなるのである。

また、ベルカントの「e」はどうであろうか。日本語の「エ」は曖昧に舌と上顎の空間を保って、しかし、口の比較的先っぽのほうに息を当てるようにして発音するのが標準である。これに対して、ベルカントの「e」は唇をかなり開き気味にして、口の奥のほうはやはり大きく空間を作り、しかも喉に近い奥のほうで強く「e」と発音する。この結果、「e」は、とくにそれが長音となった場合など、日本人の耳には「ア」のように聞こえてくることがある。

かくして、日本語の歌を歌おうとするとき、いわゆる「あちら立てればこちらが立たず」のディレンマが現れる。すなわち、発声を正しくしようとすると発音が日本語的でなくなり、日本語的に正しく発音しようとすると発声がベルカント的でなくなる、さて、この二律背反をどうしようか、とそこに日本語の歌曲を歌う人々の苦悩があるのである。

もっとも、日本語の発音については、私の見聞するところでは、かなり個人差があって、比較的苦労なく優美正確な発音で歌うことのできる人もあり、逆に、いかに努力しても、結局正確には発音できない人もある。が、その正確な発音のできる人にしても、やはり、この発音と発声の不協和をどこで妥協させて折り合いを付けるかということについては、それなりの苦労を感じているに違いない。

歌いにくいか、それとも歌いやすいか、ということは、またその歌う歌の問題でもある。

歌いやすい歌の代表は、たとえば『こいのぼり』という歌。

皆さま御存知の唱歌であるが、歌詞は左記のとおり。

甍《いらか》の波と　雲の波

重なる波の　中空を

橘薫る　朝風に
高く泳ぐや　鯉のぼり

どうです、歌っていると心が浮き浮きしてくるではありませんか。むろん勇ましい行進曲風の作曲の力も見逃せない。が、この歌の場合は、それとは別のところに「隠された秘密」がある。

まずこの歌を、ローマ字で表記してみよう。

iraka no nami to kumo no nami
kasanaru nami no nakazora wo
tachibana kaoru asakaze ni
takaku oyogu ya koinobori

さて、この表記をじっと睨んでごろうじろ。そこからなにが見えてくるか。

第十席　隠された快感(下)

ア段とオ段の快感

『こいのぼり』の歌が、どうして「歌いやすい」のか。その歌詞をローマ字で表記してみたのを見れば、ほぼ察しがついたかもしれない。それはこういうことである。

いずれ七五調の詩だから、各行十二音節、全部で四十八音節からなる。さて、このうちア段音はどれくらいあるか、数えてみよう。するとこれが全部で二十一音節あることがわかる。では、オ段音はどうか。こちらは全部で十三音節。ということは、この両者を足すと実に四十八音節中三十四音節は、ア段音かオ段音であることがわかる。四分の三近い高率である。これとは逆に、イ段音は八音節、ウ段音は五音節、エ段音ともなると僅かに一つしかない。つまり、この歌は、ア段とオ段ばかりやたらと出てくる歌なのだ。

そうして、日本語のア段とオ段は、前席で考察したとおり、比較的ベルカント的な発声になじみやすく、イ・ウ・エ段の音はそうでない。従って、こういう歌はとくに口の形などに工夫を巡らさずとも、比較的容易に、天気晴朗なる声を出して歌うことができるのであって、歌っていて「気持ちが良い」のである。ここに「歌う快感」が隠れている。

そうそう、そういえば、こんな歌もあった。

北原白秋作詞、山田耕筰作曲、『この道』。

天下の名歌曲として、だれ知らぬものとてもない作品に違いない。この歌の詩を、まず案じ分けてみることにしようか。

この道はいつか来た道
ああ　そうだよ
あかしやの花が咲いてる

あの丘はいつか見た丘
ああ　そうだよ
ほら　白い時計台だよ

この道はいつか来た道
ああ　そうだよ
お母さまと馬車で行ったよ

あの雲はいつか見た雲
ああ　そうだよ
山査子《さんざし》の枝も垂《た》れてる

なにの予備知識もなく、虚心にこの歌を歌うことにしたとき、いったいどんな情景が私たちの心に浮かんでくるのであろうか。

「道」という言葉は、なにか懐かしい。道は、どこからかここに至り、そうしてまた、いずこかへ遠ざかっていく。「この道はいつか来た道」と言われると、私たちの心に、ただちに、各自の記憶のなかでいつか来た懐かしい道を想起するという自動装置が働く。そうそう、そういう懐かしい小道ってあるよなぁ、という気がするのだ。

そうして、その記憶のなかに、「あかしやの花」が点綴《てんてい》されるのであるが、さて、その「あかしやの花」ってどんな花だ、と言われると、はっきり答えられる人は、案外少ない。でも、西田佐知子の歌った『アカシヤの雨が止むとき』なんて歌もあり、ま、なんとなく美しい抽象的イメージを喚起する程度で、人はとくに怪しみもせず、先へ歌い進むであろう。すると、つぎに「あの丘はいつか見た丘」というイメージが提示される。どんな丘だろうと思っていると、そこに、「ほら白い時計台だよ」と具体的な風景が現れてくる。しかし、白い時計台となると、これは決して普遍的な風景ではありえない。もともと札幌の大通りの時計台をモデルとした詩だから、それ自体新開地のエキゾチックなイメージなのだが、それを各自の心象風景のなかに置くと、相当に絵空事的な感じが漂ってくるのを否めない。懐かしい風景のなかに、具体的に白い時計台なんかを記憶している日本人はそう多くはない筈なのだ。

しかし、そこまでは、まだいいとしよう。

三番ともなると、懐かしい「この道」は、「お母さまと馬車で行った」という記憶に結ばれていることが露見する。この「お母さま」ってのがいかがわしい言葉である。こんな称呼は、伝統的な日本語には存在しなかった。古くは「母上」「かかさま」「おっかぁ」「おたたさま」などとはいったけれど、「お母さま」なんて言い方はなかった。それをでっち上げたのは明治の「エセ上流階級」である。出自の卑しい言葉なのだ。だから、この呼び方は、ついに定着しなかった。いまでも「お母さま」と自分の母親を呼ぶ人が無いとはいわないが、極く例外的な少数に留まり、しかもなにか「上品ぶった」感じである。そういういかがわしさを厭《いと》うたのであろう、白秋は後にこの語を「母さん」と改めている。しかも、その「お母さま」と「馬車で」行くというのは、どういう少年であろう。そういう少年生活を送って、それをノスタルジヤと共に想起できる人がどれだけいるだろうか。

四番、これはきっと苦吟の所産である。もう道も丘も時計台もアカシヤも使ってしまった。しかし、お母さまと馬車で行ったきりではなんとなく終わりにしにくい。そこで、詩人は、なにかないかと嚢中《のうちゅう》を探り尽くして、そこに「あの雲」を発見したという消息であろう。しかし、道や丘とちがって、雲について、「いつか見た雲」ということは言いにくい。それに、山査子というのは、刺だらけの灌木で、柳や枝垂れ桜じゃあるまいし、「枝が垂れてる」というのはいかにも苦しい。

「名曲」とは何であるか

というわけで、この詩には、かなりいい加減なところがある。しかし、ここで、『こいのぼり』と同じような分析を加えてみるとどうなるか。

この詩は原則的に「五七六五七」という定型を成している。したがって、各番三十音節を原則とするのだが、一番は三十音節中ア段十三音節オ段六音節（計十九音節）、同様にしてア段とオ段の音節を合計すると、二番は二十九音節中二十音節、三番は三十一音節中二十一音節、四番は三十音節中十九音節が、それぞれア段オ段の音で占められていることが判明する。

しかもこの詩の各節の頭の字が問題だ。「この道は いつか来た道 ああそうだよ あかしやの 花が咲いてる」と、この枠で囲んだ字と、その前の節の末尾の音（母音）との間に、なだらかな母音連続が現れることに注目したい。「…wa-i…」「…chi-a…」「…yo-a…」というふうに。しかも、山田の作曲が実に巧みで、これらの母音連続にたいして、いずれも母音を大きく歌い上げるように作ってある。ここにおいて、私たちは、子音によって音の流れを堰き止められることなく朗々とそれらの歌いやすい母音を詠唱することができるわけである。

しかしながら、私たちが「歌を歌う」という営為のなかで、こうした韻律上の「快感」はふつう意識されない。ただ私たちの意識に上るのは音楽としての旋律やリズム、ハーモニーなどの美しさと、詩の「意味」である。

だから、私たちは、その言葉の韻律上の美を、実際には快感として感じていながら、理性では意識しない。まさに、「隠された快感」がそこに伏在しているのである。

嘘だと思うなら、たとえば『雪の降る街を』なんて歌を、朗々と歌ってご覧になるとよろしい。いかに歌いにくいか。それもそのはず、この歌は、イ段音とウ段音ばかり多いという音韻構造になっているのである。だから、そういう歌は、シャンソン風の呟くような歌い方にはなじむけれど、朗々たる詠唱にはそぐわない。そこで、音楽のほうもそれに見あった、低徊する呟きという趣になっているのであろう。

かくのごとく、詩（に内在する音韻構造）と曲とが良くマッチしているばあい、それがベルカント的なものであれ、シャンソン的なものであれ、あるいは演歌的民謡的なものであれ、人はこれを「名曲」というのである。そしてそのことを、ふつうはだれも意識してはいない。

これだから、つまり日本語は「難しい」のである。

第十一席　白楽天の影

芭蕉と相通ずる詩情

ふと思い立って『白氏文集』に目を曝《さら》していた（因《ちな》みに言う。『白氏文集』はまた『白氏長慶集』ともいい、古くはまた単に『文集』とのみ呼ばれもした。そうして、その読み方は「はくしぶんじゅう」、もしくは「はくしぶんしゅう」と読むのが正しい。高校の教科書などで、これを「はくしもんじゅう」と教えているのは、おそらく幕末か明治以降の俗流の読みにしたがったもので、すみやかに改めてしかるべしと思惟される）。

そうしたら、さっそくこんな詩が目に止まった。

まず初めは、巻一「東林寺白蓮」という五言詩である。便宜、私に読み下して左に掲げる。

東林寺ノ白蓮《ハクレン》

東林北塘《ホクタウ》ノ水　湛湛《タンタン》トシテ底ノ清キヲ見《アラ》ハス
中ニ白芙蓉《ハクフヨウ》ヲ生ズ　菡萏《カンタン》三百茎
白日《ハクジツ》光彩ヲ発シテ　清飆芳馨《セイキョウハウキヤウ》ヲ散ラス
香ヲ洩シテ銀嚢《ギンノウ》破レ　露ヲ瀉《ソソ》イデ玉盤傾ク
我慚《ハツ》ラクハ塵埃《ジンアイ》ノ眼《マナコ》ニ　此ノ瓊瑶《ケイヤウ》ノ英《ハナブサ》ヲ見ルコトヲ
乃《イマ》シ知ル紅蓮《グレン》ノ花ノ　虚《ムナシ》ク清浄ノ名ヲ得タリ
夏萼《カガク》敷テ未ダ歇《ヤ》マズ　秋芳結ブコト纔《ワツ》カニ成ル
夜深《フ》ケテ衆僧寝テ　獨リ起テ池ヲ繞《メグ》ッテ行ク
一顆《カ》ノ子《タネ》ヲ収メテ　長安城ニ寄リ向ハント欲ス
但ダ恐ル山ヲ出デ去ッテ　人間《ジンカン》ニ種《ウ》ウルトモ生ゼザルコトヲ

その全文を釈しているいとまはないけれど、その大意をいわば、すなわち、白楽天が、東林寺という寺に遊んだときに、その池に清らかな蓮の花がいっぱいに咲いているところに遭遇したというのである。その蕾《つぼみ》は煌《きら》めくように白く光に映じ、その芳香また辺りに充ち満ちていた。その花弁がほろほろと散って、未だ散り終わらないのに、少しばかり実が成りはじめている。深夜、坊さんたちがみな寝静まったころ、一人起きだして、池の周りをあちらこちら巡りつつ、ああ、この種をひとつ持って帰って長安の自宅にも植えようかと思った。だが、この清浄な山域を去って俗世に植えても育たないのではないかと恐れるのだ、という程の意味であろう（実際は白氏がこの蓮を植えて愛好していたらしいことは、そのことを歌った幾つかの詩の存在を以て推量することができる）。

さて、ここまで面倒な漢詩を読んでいただいたわけだが、なんとなく想起されるものがありはしないだろうか。

私は、これを読んですぐに、次の有名な俳句を思った。

名月や池をめぐりて夜もすがら　　芭蕉

誰でも知っている名句である。貞享三年（一六八六）の秋もなか、芭蕉は其角らを誘って、芭蕉庵の月見を催したことが分かっている。天に皓々《こうこう》たる名月あり、地に漫々たる池水あり。芭蕉は、船に乗って見、岸辺を繞《めぐ》って見、あちらから詠《なが》め、こちらから詠め、としているうちに、いつしか夜が更けわたって、暁に至った、ということであろう。

白楽天の詩句は、深々たる夜更けに、白い蓮の花の咲く池を繞っての感懐である。芭蕉の俳句が、月と池水に映ずる月影に意識を集中しているのに対して、白氏はまったくその蓮の花の色と香りとそして仏教的想念とに没入しているかと見える。

だから、直接に白氏の詩句を換骨奪胎《かんこつだったい》して芭蕉の句が成ったなどと乱暴なことを言っているわけではもとよりない。しかし、遥かな時空を隔てて、東西の両詩傑が、期せずして、深更《しんこう》に「池をめぐりて」詠草を案じているのは、いかにも興味深いと思うのである。

『箱根八里』から昭和の流行歌まで

もっとも、白氏の詩は、夙《はや》く藤原道長の時代にはすでに本朝に将来され、以来、『源氏物語』のそこここにそれを典拠とする行文が発見されるのをはじめ、我が国の文学にもっとも大きな影響を及ぼした。

そうして、さらには、『和漢朗詠集』や、それを経由して、能楽の謡曲などにも頻繁に引用されて、とりわけ近世の文人たちにとって、もっとも目に親しい中国文学たるを失わなかった。

しかも、この作品は、『白氏文集』の第一巻に出ているわけで、巻二の「秦中吟《しんちゅうぎん》」、第

三、四の「新楽府《しんがふ》」、巻十二の「長恨歌《ちようごんか》」などとともに、もっともよく読まれた作品群のうちの一つに数えられる。

したがって、もとより李白・杜甫を愛読して、みずから芭蕉庵桃青（李白を訓ずればスモモのシロであり、桃青はモモのアオであるから、その発想において通底するものがある）と名乗っていたくらいの漢詩文好きであるから、芭蕉が唐詩の一方の雄たる『白氏文集』を目睹《もくと》していなかったわけはないのである。

そこで、かかる漢詩文を熟読玩味もっともおのれの血肉と化していた芭蕉の詩嚢のどこかに、こうした発想が宿されていた可能性はたしかに否定できないことであろう。

では次に、同巻「初入太行路」という詩を読んでみる。

初メテ太行路《タイカウロ》ニ入ル
天冷ヤヤカニシテ日光《ヒテ》ラズ
太行ノ峯蒼《サウマウ》獨タリ
嘗テ聞ク此ノ中ノ険《サガ》シキコトヲ
今我方《マサ》ニ獨リ往《ユ》ク

馬蹄凍リテ且ツ滑ラカナリ
羊腸上《ノボ》ルベカラザルモ
若シ世路《セイロ》ノ難キニ比スレバ
猶《オノヅ》自カラ掌《タナゴコロ》ヨリモ平ラカナリ

太行の山の道はその険阻を以て周《あまね》く知られていた。その山道には鬱蒼たる大樹が光を遮り、道は凍ってつるつる滑る。しかもそれが羊の腸のごとくにうねうねと繞《めぐ》っていくというのである。白氏の詩は、そうした太行路の難きをまず描叙しながら、そこから転じて、けれども、しかく険しき山路といえども、わが人生行路のさがしきに比べればあたかも掌の上を往くがごとくに平らかである、と人生論的に展開していくのである。

さて、ここで思いあわされるものはなにか。

箱根の山は　天下の険《けん》　函谷関《かんこくかん》も物ならず
万丈の山　千仞の谷　前に聳《そび》え後《しりえ》に支《さそ》ふ
雲は山をめぐり　霧は谷をとざす

昼猶暗き杉の並木　羊腸の小径は苔滑か
一夫関《いっぷかん》に当るや万夫《ばんぷ》も開くなし
天下に旅する剛毅の武士《もののふ》
大刀《だいとう》腰に足駄《あしだ》がけ　八里の岩ね足み鳴らす
斯《か》くこそありしか往時の武士

（中公文庫『日本の詩歌』別巻による）

御存知、瀧廉太郎作曲の名歌曲『箱根八里』である。この詩の作者、鳥居忱《まこと》は明治の東京音楽学校教授だった人で、作曲に当たった瀧廉太郎は当時同校の生徒であった。

そうして、この詩の背後にはたぶん上記の白詩があったであろうことは、その情景の相似、文辞の共通なることを以て、かなりの確度で妥当に推定されるかと思われる。就中《なかんずく》に、この曲の中間部「万丈の山　千仞の谷　前に聳え後《しりえ》に支《ささ》ふ／雲は山をめぐり　霧は谷をとざす／昼猶暗き杉の並木　羊腸の小径は苔滑か／一夫関《いっぷかん》に当るや万夫《ばんぷ》も開くなし」は、一、二番共通の歌詞であって、この詩の根幹をなすところかと見られるが、そこに白詩があたかも「裏打ち」のように透けて見えることに注意したいのである。白氏の影は、かくして遠く明治の御世にまで及んでいることが分かる。

そしてもうひとつ。これは『白氏文集』巻二「続古詩十首」のうちの一首である。

心亦《マ》タ迫ル所無ク　身亦タ拘《カカハ》ル所無シ
何スレゾ腸中ノ気　鬱々トシテ舒《ノブ》ルコトヲ得ザルヤ
舒ルコトヲ得ザルモ良《マコ》トニ以《ユヘ》有リ
心ヲ同ジクシテ久シク離居《リキョ》ス
五年面《オモテ》ヲ見ズ　三年書《フミ》ヲモ得ズ
念《オモ》フニ此レ人ヲシテ老《オイ》シム
膝ヲ抱キ坐シテ長吁《チヤウウ》ス
豈ニ樽ニ盈《ミ》テル酒無カランヤ
君ニ非ズンバ誰《タレ》ト與《トモ》ニカ娯《タノ》シマン

さて、この詩から連想されるものは何か。皆さん御存知の流行歌であるが、ふふふ、その答えは敢えて言わずにおくことにしようか（因みに、「長吁」は長くすすり泣くことです）。

第十二席　躬恒と子規(上)

『古今集』随一の名歌

こころあてに折らばや折らむ
　初霜のおきまどはせる白菊の花

『百人一首』にも採られているこの名高い歌は、『古今集』の撰者でもあり、三十六歌仙のひとりでもある、平安時代を代表する歌人凡河内《おおしこうちの》躬恒《みつね》の詠である。

今席と次席は、この歌を巡って、いったい私たちの先祖は、「歌」というものを、どのように味わっていたか、そして、その味わい方を現代人のわれわれがいかに忘れてしまっているか、ということを述べてみたい。

まずこの歌の意味を、分かりきったことではあるけれど、ちょっと確認してから話をはじめることにしよう。

「こころあてに」というのは、今のことばでいえば「当て推量で」というほどの意味である。

この上の句には、かなり複雑な倒置法が用いられていて、より意味の流れに忠実に言葉を並べ替えれば、

「折らば、こころあてにや、折らむ」

というところであろうと思われる。

ここで「折らば」というのは（受験勉強みたいで恐縮ながら）、「折る」という四段活用の動詞の未然形「折ら」に、条件節をかたちづくる接続助詞「ば」が接続したものである。未然形というのは当該の動詞が未だ動作されていないということだから、それを条件にすればすなわち仮定条件ということになり、つまり現代語に訳せば、「もし折るならば」ということである。

つぎに、「折らむ」の「む」は比較的に曖昧な推量と意志の助動詞で、現代語の「行こう」「食べよう」などの「う」というのに当たる（「む」が音便化して「う」になったのであ

る)。

またその間に位置する「や」は、御存知「係り結び」を起こす係助詞であって、これが使われると文末を終止形でなくて連体形で結ぶことになっている。そうして、その意味的な作用は、疑問または反語であるが、この場合は単純な疑問である。

そこで、つまり上の句の意味は、こうなる。

「もし、それを折るとしたら、当て推量で折ろうか」

そこまでわかれば、下の句は簡単である。

主題は「初霜」である。

「初霜が置いて、惑わせている」

というのである。

ここまでのところでは、「なにを」という部分が出てこない。そうして、一番最後に、それが「白菊の花を」であったことがわかる、ということであるから、つまりここも大きな倒置になっている。

かくて、この歌を、語順を素直に並べ替えながら口語訳してみると、こうなる。

「もし、いま白菊の花を折るとしたら、当て推量で折ろうか。いちめんにおいた初霜が、あまりにも真っ白で、どこに白菊の花があるのかさっぱりわからなくなってしまうほど、私の目を惑わせているからね」

というのである。

大小二重の倒置、係り結び、そして霜と菊が混じりあってしまって見分けがつかないという文学的誇張、かれこれそういう技巧がたっぷりと用いられた、いかにも古今風の名歌であると評し得るであろう。

この歌は、元来『古今集』秋下の巻、第二百七十七番に「白菊の花をよめる」という詞書《ことばがき》を伴って出ているのであるから、その主題は「白菊」である。

ところで、この歌の眼目は、なんといってもこれが「初霜の朝」の歌であるということかと思われる。

これを実景とみるか、それともなにか「白菊」という題に寄せて想像で詠んだとみるか、解釈する人によって意見はさまざまであるが、私は、あえて実景を詠んだものとして読むべきものであろうと思っている。

初霜であるということは、つい昨日まで朝に霜のおくことはなかったということである。だから、このところ朝ごとに白菊の汚れない白色が、周囲の土色との際《きわ》やかなコントラストのなかに眺められたということである。

それが、ある晩秋の朝、ふと外を見やると、一面真っ白に霜がおいていた。ああ、昨日までは、どこに白菊があるということは鮮やかに目に立ったのに、今日は霜の白に紛れてしまっている……、そういう感慨を、やや誇張しつつ、しかも技巧的に詠んだのが、この歌で、したがって、主題は、むしろ初霜のほうにあるとさえ言いうるかもしれない。

技巧のせいで、一見しては意味を把握しにくい嫌いはあるものの、清新の気漲《みなぎ》る一代の傑作というべきであろう。

なぜ子規は激しくかみついたか

ところが、この歌に、ひどくかみついた人があった。

正岡子規である。

子規は有名な『歌よみに与ふる書』という著作をものして、『古今集』の歌を片端からやっつけたことは誰も知る事実であるが、この歌もまた他の名歌どもと並んで、あわれその槍玉に挙げられたのである。

すなわち、子規の評価はこうである。

　この躬恒《みつね》の歌、百人一首にあれば誰も口ずさみ候へども、一文半文のねうちも無之《これなき》駄歌に御座候。この歌は嘘《うそ》の趣向なり、初霜が置いた位で白菊が見えなくなる気遣《きづかい》無之候。趣向嘘なれば趣も糸瓜《へちま》も有之不申《これありもうさず》、けだしそれはつまらぬ嘘なるからにつまらぬにて、上手な嘘は面白く候。例へば「鵲《かささぎ》のわたせる橋におく霜の白きを見れば夜ぞ更《ふ》けにける」面白く候。躬恒のは瑣細《ささい》な事をやたらに仰山に述べたのみなれば無趣味なれども、家持《やかもち》のは全くない事を空想で現はして見せたる故面白く被感《かんぜられ》候。嘘を詠むなら全くない事、とつもなき嘘を詠むべし、しからざればありのままに正直に詠むがよろしく候。雀が舌を剪《き》られたとか、狸《たぬき》が婆《ばば》に化けたなどの嘘は面白く候。今朝は霜がふつて白菊が見えんなどと、真面目《まじめ》らしく人を欺《あざむ》く仰山的の嘘は極めて殺風景に御座候……。（岩波文庫版による）

かくのごとくにして、罵詈雑言《ばりぞうごん》はまだまだ続くのだが、もうこれくらいでよろしかろう。なにしろ、この著作は古今の罵倒文学の金字塔ともいうべきもので、その言説はまさに快刀乱麻を断つの勢があって、一読痛快再読賛嘆、ついそのいうところに説得されてしまいそうになる。

要するに子規の言いたいことは、こうした「技巧」と「理屈」でこねあげたような歌は面白くないということである。

若者たちの政治改革思想がしばしば流血の過激運動に走るのにも似て、子規の言説はしばしば炎を吐くような激越さを帯びる。

それは、彼が目指していた短歌の革新運動の仮想敵として、伝統的和歌壇の最高権威であった『古今集』に照準されていたからである。

『古今集』は、勅撰集の第一で、歌人たちにとっての大聖典であった。

それゆえ、後世の衰弱した歌壇においては、いたずらにこれを神格化して、ただもうその模倣というか、固定発想というか、いわゆる月並みの凡庸歌ばかりが量産され、しかもそういう通俗な権威主義がはびこっていた世潮のなかでは、子規は、四方に敵を迎え撃つ気分であったかもしれない。

それゆえ、子規が口角泡を飛ばして、こういう過激な議論を吹っ掛けるのももちろん分からないではない。それだけ相手は手ごわい権威だったからである。

第十三席　躬恒と子規(下)

「聞く」ものとしての和歌

前席は『古今集』に対する子規の批判を紹介したが、和歌の革新運動も一巡し、明治時代式の「近代和歌」というもの自体が、すでに往時の『古今集』よろしく俗悪な権威と成りおおせている現代にあっては、子規の論難をそのまま鵜呑みにしておいてよいものとも思えない。

いや、やはり、私たちが考えなければならないことは、この歌が、仮に子規のいうようなつまらない駄歌であったなら、どうしてそれが、当時第一級の歌人たちによって撰《つく》られた『古今集』に選び入れられ、『百人一首』にまで採用されたかという、そこのところである。

子規の立論は、ある意味でもっともであるが、しかし、大切なポイントがすっぽりと抜け落ちていることを指摘しておかなくてはならないだろう。

それは、この時代の和歌というものは「文字」として黙読されるものではなかったという、この一点である。

現代でも宮中の歌会始《うたかいはじめ》などではそうであるように、往時、和歌は必ず朗々と詠唱されたのであった。そうして、作者と朗詠者以外は、みなこれを耳で聞いて享受するのが当たり前であったのである。

だから、なにはともあれ、その悠々とたゆとうような旋律とリズムで詠唱されるその時間の流れに沿って、こういう和歌は鑑賞されなければ、その良さが見えてこないということである。

固唾を呑んで聴衆が耳を欹《そばだ》てている。そのしじまを破って、まず詠みいだされた言葉は、

「こころあてに」

という風変わりな言葉であった。聴く人は、一瞬、オヤオヤと思ったであろう。いったいなにが詠みだされたのだろう、そういう不思議の感に打たれながら、次の言葉を待ったかもしれない。

すると次の語は、

「折らばや」

というのであった。モシ折ルナラバ……、いったいこの歌は何を歌おうとするのであろう、そう思っていると、すぐに続けて、

「折らむ」

と出た。ここまで聴いて、人々はなるほどそうか、「こころあてに」という風変わりな表現は、一文節飛び越えてこの「折らむ」に掛かるのであったか、とその構成の妙に横手を打ったことであろう。

しかし、ここまで聴いても、なお、いったい何をさして言っているのか出てこない。もちろん詠唱に先だって、「白菊の花を詠める」というふうな「詞書《ことばがき》」が読み上げられただろうから、この歌が白菊の歌だということはみな承知である。けれども、その肝心の白菊はなおまったく出てこない。

たぶん「折らば」とか言っているのは、その白菊を折るということだろうということはたいてい見当がつくにしても、なぜそれを「こころあてに」折らなければならないのか、それが謎である。

ここまでのところ、この歌には「折る」という動作についての概念的な記述が出てきただけで、いわゆる絵画的なイメージをともなった「描写」はまったく出てこないことに留意し

たい。和歌は、いっこうに核心に迫らぬまま、謎めいて進んでいく。

さて、ここまで首を捻《ひね》らせておいて、作者は、ずばりと、

「初霜の」

とおくのである。聴く人は、その脳裏に、初めてはっきりとしたイメージを思い描いたであろう。それも白菊のイメージではなくて、地一面に真っ白な初霜の朝を。

この歌の巧みなところはここである。

なにか分からない、謎めいた表現を連ねたあとで、なお主題にはまったく触れないで、第二主題たる「初霜」を鮮烈に提示するのだ。

いまや、聴く人の心のなかは、一面真っ白の霜で覆われてしまったことであろう。

さて、その霜がどうしたか、と思っていると、そこに、

「おきまどはせる」

と出てくる。

なるほど、霜が置いて、惑わせているから、それで……と、おおむね推量がつきかけてきたところで、最後の最後に、

「白菊の花」

と、ぴたり着地を決めるのである。

なーるほど、うーむ、と人々は唸ったことであろう。九回裏に逆転満塁ホームランを放ったのにも似て、待ちに待った清冽《せいれつ》な主題は、最後にきて、みごとにその置き所を与えられているのである。

こうなると、先ほど、一瞬、なにもかもすべてを塗りつぶすような形で、まず「初霜」のイメージだけを与えられていた聴衆は、そこに白菊の花を「追加」して想像するわけである。

ここにいたって、なぜ、劈頭《へきとう》で「こころあてに」折らなくてはならないと詠んだのか、その謎が解ける。なにしろ、聴衆は一面の初霜を想像してしまっているのだから、そこに白菊を置いても、その白さは際立ってこない。それで、それが初霜だというのだから、さては、昨日までは白菊こそが地上に鮮やかな白を見せていたのに、今朝はもう初霜の白のために紛れてしまっている、とそういうことだったかと納得するであろう。

定家の時代の唯美的視点

これが、この歌の隠れた技巧であって、ここに一つの名高い歌が思いあわされる。

見渡せば花ももみぢもなかりけり
　浦の苫屋《とまや》の秋の夕暮れ

という、かの定家（古来『百人一首』の撰者に撰せられてきた）の歌である。この歌では、まず「見渡せば、花も、もみぢも」という言葉が詠みだされて、聴く人の心のなかに、桜花満開の春景、または満山の紅葉が、一瞬だけ想起せしめられる。そうしておいて、それを「なかりけり」と全否定することによって、その絢爛たる春秋の景色は、いわば「残像」として脳裏に残るのである。だから、そのあとの「浦の苫屋の秋の夕暮れ」という情景が、いっそうさびさびとした、閑寂な風情をもって眺められるという仕掛けなのである。

こういう唯美的な言葉の運び方が、定家の時代、すなわち『新古今集』の時代の美学であったのである。

白菊と初霜の歌もまた、こうした言語感覚における唯美的視点から捉え直すことが可能である。

すなわち、私たちは、ざっと一目に読んでしまう和歌というもの、それを平安時代の人々は何分もかけて朗詠し、そのおっとりとした音の運びによって味わっていたのだということを勘案することによって、また今とは全然違った鑑賞の仕方が想像されるということである。

そのように見ていくと、なるほど、この歌は上記のごとく、鮮やかな技巧の冴えを見せていて、それによって、『古今集』に選ばれる栄誉に浴したことはうなずかれる。また『百人一首』にこれが選ばれたのは、上記の秋の夕暮れの歌にも通う新古今風の言語の美を感じ得たからである。また、すでに定説ともなっているように、『百人一首』の撰者は（それが定家であったか否かは、また別の問題としてここではかかわらないことにするとして）、特に「白」という色を愛好していたらしく、それをテーマとする歌を多く選んだという事実とも無縁ではないだろう。

そして、こと「白」を鮮烈に描き得たという点では、古今、この歌の右に出るものはないのである。

第十四席　頗る文藻に富み……

昭憲皇太后のたおやかなお歌

最近、ふとした経緯から、『明治天皇御集・昭憲皇太后御集』という一冊の懐中本を獲《え》た。入江為守や佐佐木信綱らの編纂にかかる昭和四年(一九二九)刊の革装箱入り本である。

明治天皇、大正天皇、昭和天皇の御製については、すでに書いたことがあるので、ここには再説しない（拙著『ホーソンの樹の下で』所収「三代の御製」）。

大体、私は、近代の天皇がたの平明でしかし歌柄の大きな御製をこよなく愛するのであるが、この度、昭憲皇太后のお歌を一読、たちまちにその歌境の豊かさに魅入られてしまった。

皇太后の御作というと、華族女学校に賜った「金剛石も　みがかずば　珠のひかりは　そはざらむ……」というのが夙《つと》に有名であるが、純粋に文学的立場から見れば、こういう歌はあまりにも教訓臭が露《あらわ》にすぎて、それほど味わい深いとも言われない。しかし、皇太后の御集には、まことに優れた詠歌《えいか》が充ち満ちており、ここに、改めて取り上げてゆっくりと味わってみたいと思うに至った。

このごろは、短歌といえば、俵万智さんの風が全盛で、極端にいえば、猫も杓子も俵流だといってよい。それはそれでまた楽しい美しい世界であるが、そればかりというのは、なにか寂しい気がする。

皇太后のお歌の特色をおおまかに批評するならば、まず、身辺への犀利《さいり》な観察、ということがある。そうしてまたたおやかな描写と的確な表現力ということがある。正直に告白すれば、私は、どうしても、ぎくしゃくした現代風の歌いぶりよりも、すらりと丈高く、一読ただちにその情景の彷彿とするような歌が好きである。その心をもて、昭憲皇太后の御集を読むと、じつに驚くべく佳什《かじゅう》に富むのである。

たとえば、こんなお歌。

　ほのぼのとあけゆく窓のともしびは
　消えずながらに暗くなりにけり

たへがたきもやのあつさにはし近く
　いづれど風のふかぬけふかな

朝ごとにむかふかがみのいつはらぬ
　老の影こそやさしかりけれ

まるで雲の上人で、私ども凡俗の徒からは及びもつかない生活をしておられたようなつもりでこうしたお歌に接すると、その生活感情の余りにも「普通」なのに驚かされる。

「ほのぼのと」のお歌は、払暁《ふつぎょう》の閨《ねや》に、ふと目を覚まされたか、あるいは、寝られぬままに夜が白んだのであるか、それは分からない。ともあれ、お付きの者も皆寝静まっている曙、いつしか窓の外が白んできた。すると、夜通し燃えていた燭台の灯《とも》しが、真っ暗な時分よりも、すっかり暗く感じられた、というのである。

ただそれだけのことで、ああ、それなら自分にも覚えがある、と思う人は少なくないであろう。けれども、そうした、ほんのちょっとした、ふと心に浮かんだ「思い」をこのように巧まずすらりと詠むことは、できそうでなかなかできることでない。私が天皇や皇后がたのお歌を愛読する一つの理由は、こうした平易な言葉で、誰にも共感できる感情を表現しえているということである。

「たへがたき」のお歌は、ちょっと注釈が必要であろう。「もや」は「母屋」と書く。宮中の寝殿造りでは、建物の一番中心部にこの母屋という板敷きの部屋があり、そこに畳を敷いたり、几帳で仕切ったりして、いわば部屋のしつらいをして暮らしていたのが、平安時代の貴族皇族のありようであった。そうして、その周囲に「廂《ひさし》」とよばれる、一段低い部屋があり、さらにその外側に「簀子《すのこ》」という名の、いわばバルコニーのような部分があった。

この歌は明治四十一年（一九〇八）の作であるから、たぶんもう生活は欧風になっていて、平安朝のようなことはなかったはずであるが、要は、冷房のない時代のこと、熱帯夜などでお部屋はさぞ暑かったのであろう。そこで、窓のほとり、あるいはバルコニーのようなところまで涼みにお出になった（それが「はしぢか＝端近」である）けれども、さっぱり風のない夜で、どこもむんむんと暑かったという感想、ただそれを、やまとぶりに歌ったのである。

「朝ごとに」のお歌。「やさしかりけれ」は、いってみれば「なんだかいやだわぁ」とでもいうところで、これなども、私ども（とくに女のかたがたは）だれしも「そうそう！」と思い当たるところがあろう。皇太后さま自ら、すべての女性を代表して、肌の衰え、目じりの皺などを嘆いて下さっているわけである。

美しさ、ユーモア、やさしさ

色彩的に、非常に繊細な美しさを湛えている、というのも皇太后のお歌の特色の一つである。

たとえば、こんなお歌。

雨はれしあしたのいちにひさぐ菜の
　濡れたる色の清げなるかな

わかみどりしげりあひたる木のまより
　星かとみゆる月のすずしさ

ふきわたる岸の柳の風うけて
　里の小川に瓜あらふ見ゆ

こういう表現の美しさ、これを少し昔風の言い方で褒めるならば、すなわち「丈高し」というのである。すらりとなだらかな調べ、そして、その詠まれた情景の明確さ。

「雨はれし」のお歌は、どこの朝市であろうか。夜来の雨も上がって、しかしまだ空気は幾分雨気を残している。それでも、勤勉な農家のおかみさんたちは、雨のなか摘み取ってきた青菜を早くも市に並べて売っている。皇太后は、その市の景物をご覧になって、雨露を宿している青菜の瑞々しさに、はっと息を呑まれている。

一読して、脳裏にその青菜の鮮やかな色が浮かぶ。無心の表現というに近い。

「わかみどり」のお歌は、ちょうど新緑の頃の情景であろう。空一面に若葉の枝が差し交わしている。その向こうに月影がさやかに射しているのだが、茂り合う若葉に遮られて、あたかも星のようにちらちらと光が漏れてくる、とそういうことである。なんだか、月光に透かされて、若葉の浅緑さえ見えた気がせぬか。

「ふきわたる」のお歌は、この時代には案外と実景嘱目《しよくもく》の詠であったかと想像される。沼津か那須か、どこでもよろしいけれど、東京を離れた離宮に御静養の折り、野の景色を見たままにかく詠まれたのであろう。瓜《うり》を洗っているのだから、夏の田園風景である。小川の涼しく流れていく岸辺には大きな柳の木があって、その緑の枝が、やさしくやわらかく風になびいている。たぶんその枝の下で、農家のおかみさんかだれか、せっせと青い瓜を洗っているのである。

風の涼しさと水の冷ややかさが響きあい、柳の緑と瓜の緑は映発しあっている。それに枝のそよぎと、瓜洗う人の動き、それらが、一幅の日本画のように、描き取られているのをめでたしと言わずしてなんと言おうべきか。

こうした叙景の見事さを言えば、皇太后の御製のなかには、数えきれないほどあるから、これは、各自が、みずから御製集を繙《ひもと》かれて、うむなるほど、と唸られるがよい。

ところが、それだけでないところが、皇太后の非凡さである。たとえば、こんなお歌。

たくみなるわざの開けて
　神ならぬ人も天とぶ世となりにけり

これは「飛行機」と題された詠草である。他に「電話」だの「写真」だのという明治の文明開化的「新主題」を勇気をもって歌に詠んでおられるのは頗《すこぶ》る注目に値する。すぐれて守旧的で、新しいことを喜ばなかった堂上風の和歌世界にあって、こういう題材を巧みに詠んで世の注意を引いたというのは、俵万智が、「カンチュウハイ」やら「サラダ」やらを詠み込んで現代和歌の世界に新風を吹き込んだのと、どこか通うところがありはせぬか。

あるいはまた、穏健なユーモア。

　位ある松さへ庭にたちぬるを
　　けむしのぼれり板敷きの上に

このお歌の詞書《ことばがき》に曰く、「勾欄《こうらん》に毛虫のはふを御覧ぜさせたまひてまだ昇殿はゆるさぬにとたはぶれさせ給ふをうけたまはりて」と。宮殿の勾欄（ヴェランダの手摺）に毛虫を見出して、明治天皇が、「おやおや、まだ昇殿を許したわけでもないのにね、この毛虫」とお笑いになったのであろう。その巧みな諧謔《かいぎゃく》を受けて詠まれたのがこの作である。注釈には及ぶまい。が、なんだか、その場の和やかさが惻々と伝わってくるではないか。そして、なにより「やさしさ」。これは一切の説明なく、ただ次のお歌を味読されたい。

往時如夢

猫の子をひざにおきつつふみよみし
　をさな心も夢となりにき

第十五席　「んー、ん?」(上)

げに一刻も千金の♪

ハールノーウラーラーノー
スーミーダーガーワー
ノーボリークダーリーノー
フーナビートーガー

日本人なら誰でも知っているこの歌は、言わずと知れた名曲『花』であるが、これが、邦人作曲家による日本初のオリジナル合唱曲であることを知る人は案外少ないかもしれない。

明治三十三年（一九〇〇）、瀧廉太郎二十一歳の時の作品である。げに、一世紀もの昔に作られた曲が、今も変わらず愛唱されて、しかも歌うたびにその桜花爛漫たる春景が脳裏に去来するというのは、まさに奇跡というにちかい。

曲も美しいが、その曲を創らせた武島羽衣の詩もめでたい。私は、一九九九年の三月まで東京芸術大学で只一人の専任国語教官であったが、じつは武島も、その前身東京音楽学校の国語教授であった。つまりは、私の座っていた椅子に、百年前には武島が座っていたかと思うとなにか不思議な感慨がある。

さて、この三番の詩を、次に掲げる。

錦織りなす長堤に
暮るればのぼるおぼろ月
げに一刻も千金の
眺めを何に喩ふべき

ちょっと、これをざっと歌ってみていただけましょうか。よろしいでしょうか。思いだされましたか。そうすると、この三行目、たぶん皆こんなふうに歌うでありましょう。

楽譜1

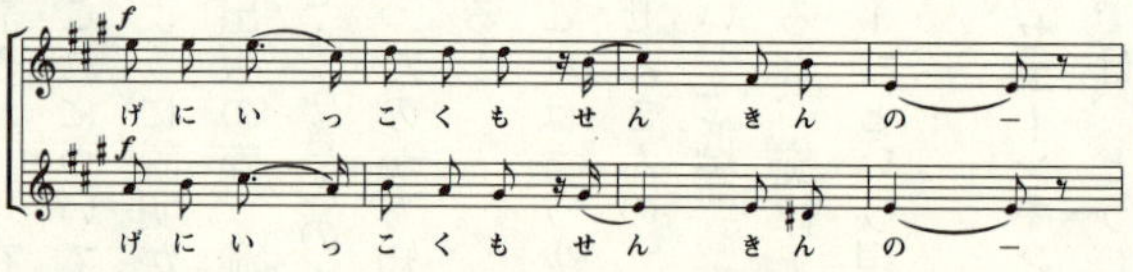
げ に い っ こ く も せ ん き ん の ー
げ に い っ こ く も せ ん き ん の ー

楽譜2

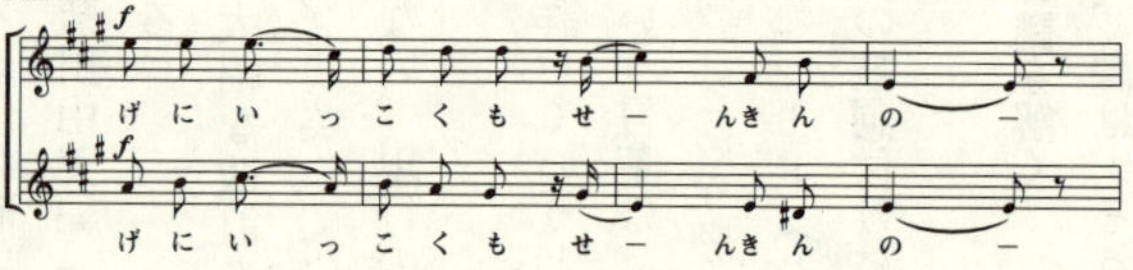
げ に い っ こ く も せ ー ん き ん の ー
げ に い っ こ く も せ ー ん き ん の ー

ゲニ　イーイッコクモ　センーキンノ

これを楽譜で書くと、ざっと楽譜1の通りである。

ところで、この歌は、『四季』と題された組歌曲として構想され作曲されたものの第一曲で、れっきとした芸術歌曲であるが、それが発表された時、すなわち、明治三十三年に刊行されたテキストでは、楽譜2のように書かれていた。

これを言葉の発音だけで書くと、

ゲニ　イーイックモ　セエーンキンノ

ということになる。

けれども、その後、たぶん教科書に採択されるに際して改訂され、現在見るような形になり、今ではだれも原譜の通りに歌うことはしなくなった。

これについて、藍川由美編『原典ピアノ伴奏譜による日本の唱歌』（音楽之友社）には、次のように説明がある。

「出版の際、瀧は大幅な改訂を行っているが、第3節『げに一刻も千金の』の歌詞付けは『せーんきんの』のままだった。彼は、日本語の『ん』が準母音であることに気付いていなかったのかも知れない。現行の教科書では、日本語の抑揚通り『せんきんの』と改められている」

これはもう少し詳しくいうと、こういうことである。

「せんきんの」という言葉は、標準的なアクセントからすると「せ」が低く「んきんの」は高い、「低高高高高」という形になっている。そこで、このアクセント上、音高の上がるところと、旋律上の「シード（ハ長調になおしていえばレーミ）」を合致させると「センーキンノー」という現行の歌詞付けになるのである。

「セエーンキン」の謎を解く

では、どうして、瀧は、そうしないで、わざわざこのように歌詞を付けたのであろうか。

「千金」という言葉を「センキン」と読むはずもないのにである。それを説明しているのが、「彼は、日本語の『ん』が準母音であることに気付いていなかったのかも知れない」という部分である。

準母音というのは、どういうことかというと、日本語の母音は、言うまでもなく「アイウエオ」の五音であって、「ン」はもちろんその中には入らない。では日本語の「ン」は、子音なのかというと、そうとも言えないということなのだ。

西欧語の「n」は、完全な子音で、英語の場合でもイタリア語の場合でも、舌端を上顎の歯の裏あたりに接触させて軽く破裂させるという音である。しかるに、日本語の「ン」は、発音上、西欧の言葉の「n」とはまったく違うメカニズムに従う。端的に言えば、西欧語の「n」は全くの子音だから、その音は一瞬の通過音に過ぎず、それを「n……」と延ばして発音することは不可能である。ところが、日本語は、「ンーーとネェ」てな具合に「ン」という音単独でどこまでも延ばすことができる。ということは、結局「アイウエオ」という母音に似た性質を持つということになるから、そこでこれを母音に準ずるものだと言ってあるのである。

ところが、瀧は、「ン」の音を「センーキン」と延ばしては具合が悪かろうと思って、わざわざ「セエー」と延ばして最後に軽く「ン」という撥音を通過させる歌詞付けにしたのであろうと思われる。けれども、「ン」が母音に準ずるもので、長音化しうるのだとすれば、なにも「セエンキン」などというありえない読み方にすることもなかったのに、と藍川さんは言っているのであろう。

とはいえ、実際に歌ってみると、この現行譜のように、一段と高くなった音において「ンー」と長音に歌うのは、正直言って、ちょっと歌いにくい。自身テノール歌手としても非凡なものを持っていたと言われる瀧は、なんどもこのところを歌ってみて、どうも「センーキンノー」という「ン」の高い長音を嬉しからぬものに思ったのであろう。私には、その瀧の気分も充分に想像できる。

ところで、藍川さんは、上記の楽譜の「『日本の唱歌』について」と題した序文のなかで、

「最近の日本語の乱れは、『ン』の発音に顕著である。語尾以外の『ン』は、続く子音の発音によってMとNに分れるが、当然Nになるはずの『りんご』の『ん』や、『シャンシャン』といった擬音語の『ン』を『りむご』『シャムシャム』と発音する人が増えている」

というふうに嘆いておられ、その区別を峻厳にして、全ての「ん」の脇に「N」「M」の

別を傍記するということまでしておられるのであるが、実をいうと、日本語の「ん」はそれほど単純な問題ではないのである。

私の見るところ、日本語の乱れが「ん」において顕著であるとも思えないし、また日常会話のなかで「りんご」を「りむご」と発音する人にも、いまだ遭遇しない。たぶん、これは、あの美空ひばりの『リンゴ追分』などを歌うときに、「ん」のところで、上下の唇を閉じてしまって、たしかに「リムゴーーノ　ハナビラガアーー」というふうな感じに歌う人がないでもないので、そんなところを突いた批評であろうと推量するのだが、実際の口語のなかでは、「昨日りんごを食べた」というようなときに、「きのうリムゴを食べた」というふうには、極めて発音しにくいので、そのような「乱れ」が発生する蓋然性は殆どないと言わねばならぬ。

むしろ、私から見ると、『リンゴ追分』やら、「わたしは真っ赤なりんごです、お国は寒い北の国」というあの童謡やらにおいて、ややもすると「リムゴ」に近いような強い「ン」で歌う人が現れる現象そのこと自体が、いかに歌のなかでは「ん」という音が「歌いにくい」かということを物語っているように思われる。とくに『リンゴ追分』のように、ゆっくりと重々しい旋律を以て抉《えぐ》るように歌われる場合、それが口語における自然な発音の、軽い

「ン」だと、どうも落ち着かない、という感じをもつのであろう。

そうなると、「センーキンノー」のような高くて長い音においても、いきおい「セmーキンノー」と歌いたい人が出てきてしまうのを避けられない。

つまり、これなのだ、瀧が、「センー」と長音化することを避けて、わざわざ「セエーンキンノ」と宛てたのは。

第十六席　「んー、ん？」(下)

四種類の「ん」

さてそこで、日本語の「ン」について、もうすこし詳しく分析を試みることにしよう。

まず、この「センーキンノー」のところを、何度か歌ってみて頂きたい（もちろん「セmーキンノー」みたいに歌ってはいけない）。その際、自分の舌が、口腔内でどのように動くかということを意識して歌って欲しいのである。

そうすると、次のようなことに気付くであろう。説明の便宜上「セン」のほうを「ンA」、「キン」のほうを「ンB」と呼ぶことにしたい。

で、よく感じ取ってみると、Aのほうは舌の奥のほう（これを舌根という）が盛り上がって上顎の一番奥の、やや柔らかくなったあたり（これを軟口蓋という）にやんわりと押し付けるようにして、息自体は、鼻のほうへ抜けていくという形であろう。

ところが、これとまったく同じ形で「ン」というようにしてBを歌おうとすると、これがとてもとても歌いにくい。

なぜかというと、Bのほうは、その直後に「ノ（no）」が接続するので、Aの形の「ン」にすると、そのすぐあとに舌の形を直してむしろ細くし、速やかに純粋の子音としての「n」を発音するために舌先を歯の裏あたりに当てて「nノ」と言わなければならないからである。実際はそんな暇はないので、通常は、このBの「ン」は、初めから舌の先のほうを上顎の前歯裏に押し当てるようにして息を鼻に抜き、次の「ノ」音に備えるわけである。

かくてここに、まったく違うメカニズムによって発音される二つの「ン」が採集された。

ところが、それだけではないところが面倒である。

そこで、こんどは、同じ瀧廉太郎の『箱根八里』を材料として研究してみよう。

この鳥居忱《まこと》の詩に作曲された勇壮な歌曲は、次のように始まることはこれまた知らぬ人は少ないだろう。

箱根の山は　天下の険　函谷関も物ならず
万丈の山　千仞の谷　前に聳え後《しりえ》に支《さそ》ふ

これを発音に忠実にカタカナ書きしてみると、

ハコネノヤマワー　テン|（a）カーノケン|（b）カン|（c）コクカン|（d）モ　モノナーラズ　バン|（e）ジョーノヤマ　セン|（f）ジーン|（g）ノタニー　マーエニソビエーシリエニサソオー

とこうなるであろう。今ここに出現する「ン」をば（a）から（g）まで七つの標識を付けて識別しておくことにする。こうしておいて、まず、また舌の動きに充分注意しながら、ゆっくりと歌ってみて頂きたい。そうすると、おなじ「ン」でもずいぶんと違った動きをしていることに驚かれるであろう。

これを順次分析してみると、まず（a）の「ン」は、上記の「ンA」と同じ発音であって、つまり舌根に近いところが軟口蓋のあたりに押し付けられる形である。ところが、（b）は上記の「ンB」と同じく舌先が前歯の裏に接触するやや強い「ン」だ。

同様にして、

（c）＝「ンA」

（e）（f）（g）＝「ンB」

に分類することができる。

しかし、(d) だけは、そのどちらでもなく、すぐ次に「モ」が来るために、舌は口腔内に曖昧に丸まっていてただ両唇が閉じられる。ありていにいうと、したがって、これは唇の形を「m」の如くにして、しかも、息を鼻に抜くことによって「ン」であることが表現されるわけである。これを仮に「ンC」と名付けることにしよう。

ここに、おなじ「ん」という文字で表記されながら、「ンA」「ンB」「ンC」と三種類の発音が発見されたことになる。

さて、『箱根八里』の二番に行くと、その終わりのほうに、「山野に狩する剛毅の壮士《ますらお》」という部分がある。この「山野」の発音は「サンヤ」であるが、この場合の「ン」はどうであろう。上記「A・B・C」三種類の「ン」を以て試しに歌ってみると、そのどれも違和感を感じるのではないか。この場合は、もっと曖昧な「ン」であって、厳密にいうと、舌は比較的細く堅く、上顎部のどこにも接触しない形で位置し、その舌と上顎の間の空間にも少しく息の漏れる形で大半の息は鼻に抜くという方法で発音されるともっとも落ち着きがよろしい。

したがって、実際の音からいうと、この場合は「ン」というはっきりした音であるよりは、むしろ「i」という音に近い。ただ「i」のときは、息がその舌と上顎の間の空間を全て通るのに対して、「ン」のときは、息が大半は鼻に抜けるというところが違っている。そこでこれを「ï」という記号で表す場合がある。この仲間はたとえば「関与」などという語の場合の「ン」でこれはむしろ「u」に近い。そこで、「ü」というふうに表記することがある。

この実際に母音に準ずる「ン」（これが本当の意味での準母音であるが）を、今ここでは「ンD」と呼ぶことにしようか。

かくて、ちょっと意識をしてみただけで、日本語の「ん」には大きく見ても四種類の発音の仕方があって、その区別は通常意識されずに、母国語として日本語を話す人にとっては、自動識別的に選ばれて使い分けられていることが分かった。

だから、「ん」という文字で単純に表されている「音」を、単に「N」と「M」で区別しても、事実上はあまり役には立たないのである。

考え抜かれた瀧の歌詞付け

さらに、もう一つ大きな問題がある。「ん」は果して語頭に立ちうるか否かということである。原則的には「ん」は語頭には立たない。けれども、「馬」「梅」などという語は、実際には「ンマ」「ンメ」と発音される。この発音形式は、ずいぶんと古い歴史を有し、平安朝の物語や和歌などでも「むま／むめ」のような表記で書き留められている。これらは「mma」「mme」のように発音されたものを「m」という単子音を表記する方法がなかったので「む」で代用したのに違いない。

この語頭に「ン」の立つ語の発音は現代では両用であって「うま／うめ」ともいい「ンま／ンめ」ともいう。しかし、たとえば「おうまのおやこはなかよしこよし」と歌うような場合、これをはっきりと「オウマノ」と歌うよりは「オンマノ」と歌うほうが自然である。まして、これを西洋人のように「おwuまの」と唇をとがらせるような形で発音すると、頗る不自然に聞きなされるのだが、遺憾なことに、声楽家の中には、わざとそういうイタリア風の「おうま」を歌いたがる人が少なくない。

では日本語の「ん」は長音化するか、という問題であるが、これは、「A・B・C・D」いずれの「ン」でも、原理的には可能である。

とはいえ、その用法には非常な限定があり、普通の名詞の中にはそのような長音化した「ン」は現れない。で、出現するのはいかなる場合かというと、「ンーとねえ」というような、やや幼児的な呼び掛けだとか、「うンーーと濃くしてね」とかいうふうに、任意の音を延ばして強調したいという場合に、「ン」を延ばすこともできるということに過ぎぬ（つまり「うーんと」「うんとー」などの強調も可能である）。

と、かくのごとく、「ん」を巡って詳しく論じきたったあとで、最初の「げに一刻も千金の」に戻れば、理論的には「センーキン」と現行のように延ばすこともできるが、その場合には、どうしても息を鼻に抜き続けなければならないので、息の調節が難しく歌いにくいことは否めない。

また通常は一単語中に長音化した「ん」が現れることはないので、アクセントにはそこそこ忠実かもしれないが語形として不自然であることは否めない。

一方の瀧原譜による「セエーンキン」と歌う方式では、たしかに「千金」を「セエーンキン」と読まないことはじじつだけれど、それは「センーキン」でも五十歩百歩である。

しかもこれを強調の長音化と取るならば、その場合は任意の音が長音化するので、これは「センーキン／セエーンキン」どちらでも構わないことになる。

そこで最後の決め手は、どちらが歌いやすいか、という点になるのだが、それは圧倒的に「セエーンキン」とした瀧原譜のほうが勝る。

かくて、あらゆる要素を勘案すると、教科書式の改訂はむしろ改悪であったことがわかる。瀧は、「ん」が準母音であることを知らずに不注意でこのように書いたわけではなく、考え抜き試し抜いた結果として、「セエーンキンノー」という歌詞付けに落ち着いたものであろうと私は確信する。

「センーキンノー」などは、つまり賢《さか》しらというほかはないのである。

第三部

言葉の洗練について考える

第十七席　荷風の憂鬱

荷風がもっとも憎んだもの

さる仔細あって、永井荷風の『断腸亭日乗』を読み始めた。若いころから、一度は読もうと思ってはいたのだが、なんとなくそれなりにして、読まずにいた。

けれども、一度目を同書に曝すや、その面白いことは、近年第一の読書だったと言っても過言ではない。

まずなによりも、荷風の、俗物を嫌悪して、しかし、自らは俗中の俗に居る、というスタンスが面白い。俗中の俗は却って雅に近しというところだろうか。

たとえば、菊池寛のごときは、この本のなかで、いったい何度「田舎漢《でんじやかん》」だの「売文の徒」だのと罵られているかわからない。さてまた、三上於菟吉《おときち》にいたっては、酒乱の狂態を散々に描写した挙句、その心根の野卑なることを痛罵し、ついに筆の及ぼすところ、かくのごとく言い募るに至る。

　予は久しく文壇の人と交遊せざるを以てかくまで文士の一般に堕落せりとは心つかず、独り菊池寛山本有三らをのみ下等なる者と思ひゐたりしが、この夜始《はじめ》て予が見解の誤れるを知りぬ。

　呵呵、文部省ご推奨の文豪山本有三先生も、荷風にかかっては、ただの「下等なる者」と切り捨てられている。

　どうして下等かといえば、つまり、荷風の意識では、彼らは要するに成り上がりの田舎文士で、その豪奢浮薄なる生活ぶり（たとえば山本は三鷹に豪壮な洋館を営んであたかも貴族のような暮しぶりであった）が、荷風からみると、鼻持ちならない感じに映ったのであろうことは疑い無い。

　そうして、荷風散人夫子自身は、親から譲りの財産と、流行作家としての莫大な印税とで一向に食うに困らない身分であった。つまり、彼は銀の匙を銜《くわ》えてこの世に生まれてきた幸福なる蕩児であったのだ。

荷風の父は、禾原《かげん》永井久一郎とて、尾張の人、官僚から転じて日本郵船の幹部となった。荷風が生まれたのは今の文京区の小日向に於てであり、その母は儒者鷲津毅堂の裔《えい》であった。

長じて彼は、アメリカに学び、転じてフランスのリヨンに住んで西欧の文物に正面から対峙したのであった。欧米ではじつにしばしば本場本物のオペラを鑑賞し（そうするに足るだけの語学力があったのである）、学は和漢洋の三才を兼ねるという秀才であった。現にその『日乗』を閲《けみ》しても、或るときは『論語』、或るときは『ボヴァリー夫人』、また或るときは成島柳北の『日録』、読書の範囲は驚くほど広汎で、しかも、すべて、楽々と原典を読破する学力を有していた。

こういう出自閲歴からして、荷風は、いいかげんな誤魔化しや、知ったかぶりの模倣、それに言葉の卑俗さに対する無神経を、もっとも苛《ひど》く憎んだ。

そして、そういう荷風が、その嫌悪をもっとも端的に表現するときのキーワードが「田舎漢」という切り捨てかたなのであった。

たとえば、大正十五年（一九二六）七月十二日の条に、こんなことが言ってある。

秋葉ヶ原に停車場あり。これをアキハバラ駅と呼ぶ。鉄道省の役人には田舎漢多しと見えたり。高田の馬場もタカダと濁りて訓む。

私などは、てっきり、戦前まではアキバハラと読み、戦後進駐軍に迎合してアキハバラと濁点の付け所が変わってしまったものかと独り合点していたけれど、どうもそうではなかったらしい。むろん、荷風が書いているとおり、古くはアキバガハラと言っていたに相違ない。なにしろ「秋葉」と書いて「アキハ」と清音に読むことはまずないだろうと思われ、姓氏だったら、アキバ氏だし、静岡の有名な神社だったらアキバ神社だ。そうして、多くその地名の下は、戸山が原、高輪が原、采女が原、護持院が原、というがごとくに「ガハラ」という形で受けるということになっていた。それが、江戸の原の名のごく普通のありようだったのだ。

だから、この「ガ」を抜いてしまって「アキバハラ」というのもなんだか熟さない言いにくさを感じただろうし、まして、その濁点を付け替えて「アキハバラ」と言うに至っては、沙汰の限りという感じがしたであろうことは想像に難くないところである。

高田の馬場も、たしかに、荷風の言う通りで、『江戸名所図会』などを見ても、高田八幡だの、高田村だの、みな清音で「たかた」と読んでいる。私自身は、父方の実家たる林の本家は、高田の馬場にあったので、その地名は耳に親しい。すなわち、私たちが子どものころまで、はっきりと「タカタノババ」と言っていたのである。これは、江戸時代の名所図会の類をみても例外なくそうなっていて、直観的には、タカダノババと濁ると、私は、なんとなく上方風の響きを感じる。

きっすいの東京人で、洋行帰りの作家荷風は、そういういちいちの言い方に、垢抜けない、卑俗な響きを聞いて、どうにも腹に据えかねたのであろう。

垢抜けない言葉遣いの数々

荷風はまた、新聞の用語がいかにも拙劣無法なのに、いつも腹を立てていて、たとえば、昭和三年（一九二八）の九月十八日の条に、

市会議員の続々羅致せらるる事を新聞記者は芋蔓式に拘留せらると記したり。昔より株《しゅ》連蔓引《れんまんいん》といふ熟語あり。何を苦しんで芋蔓といふが如き田舎言葉を用るにや。

とあるがごとく、その垢抜けない言葉遣いを罵るにもまた「田舎言葉」であるという断罪の仕方をとっているのを見る。こうなると、しかし、そういうふうに怒っている荷風のほうにも、なにやら稚気愛すべきところがあるような気がしてこなくもない。

そもそも、荷風は、新聞社がかってに人の文章に改竄を加えたりすることを憎み（これは現代も同じ。人の文章に勝手に筆を入れ、あるいは題名を変改しなどして、顚として恥じないのは、昔も今も新聞社とその記者たちの傲慢不遜なる弊風の顕れである）、とくに、言葉の模範たるべき新聞社が、無神経な語を濫用するにつきて、その慨嘆は一層深い。たとえば、

帰途数寄屋橋朝日新聞社入口に銀座の柳復活紀念祭とか書きたる掲示を見る。かかることに復活といふ宗教上の語を用るもこれを見て怪しみ笑ふものなし。言語の乱るるは人心の乱れたるを証するものなり。

と昭和七年（一九三二）三月二十五日の条に述べているのなど、ふと、ああそうか、そういえば、と気付かされる。

同じき年の九月十六日。荷風はこんなことも槍玉に挙げる。

放送局員の天気予報をなすに、北東の風あるいは南東の風あるいは愚図ついた天気などいふ語を用ゆ。これ頗《すこぶ》る奇怪なり。われら従来北東南東などの語を知らず、東北東南と言馴れなるなり。またグヅツイタ天気といふは如何なる意なるや。愚図々々してゐるといふ語はあれど、愚図ついてゐるといふ事はかつて聞かざる所なり。（略）いかにも下品にて耳ざわり悪しき俗語なり。

歴史的に見れば、必ずしも「北東」というような用語が皆無だったわけではない。従来鴨長明の作と伝えられてきたが正確には著者未詳とすべき『海道記』という鎌倉時代の紀行文に「清見関《きよみがせき》を見れば、西南は天と海と高低一に眼を迷し、北東は山と磯と嶮難同《おなじ》く足をつまづく」と出ているのなど、その顕著な一例であるが、これとて、やはりその直前には「西南」と言っていて「南西」とは書いていない。

そもそも、「都の西北」といい、「西南の役」といい、「東北の山河」といい、伝統的には東西を先にし、南北を後に置くのが、むしろ「ふつう」なのであった。こういう「ふつう」の言い方を蔑《ないがし》ろにして、役人と御用学者たちが相謀って勝手にその言い方を決めてしまう、その敢えて言えば「暴挙」の背後には、たとえば「north-east」「south-west」と言って「east-north」「west-south」とは決して言わない西欧の慣習に対する無批判なる追随があったかと想像される。

荷風が憎むのは、まさにこの、西欧に対する無批判な迎合と、中途半端な模倣によって、我が国固有の文化なり言語なりが、見るも無残に崩されていくその「無自覚」にあった。そうして、元来、そのようなことにもっとも敏感であるべき新聞社や、放送局や、国民文化の総元締めであるはずの官僚が、こもごも先立ちになってその崩壊卑俗化に手を貸している、その現状に我慢がならなかったものと想像される。

都会人であり、言語感覚の鋭敏だった荷風は、たぶん、官学出の「田舎漢」がこれらの文化方面に牛耳をとって、すこしも恥ずる気色なきにこそ、もっとも憤り、絶望して、あえて絶縁を欲したのであったろう。

その荷風の心事は、いまの私にして、嗚呼いかにもと同意せられる。

第十八席　薬食いということ

人目を忍んで何を食うか

日本人は、往古《おうこ》肉食をしなかった。そうして、明治になって、紅毛の異国の風習を学んで、牛鍋なぞをつつくのが文明開化の新風俗としてもてはやされた。

と、こう書くと、それはそうだろう、と思う人が多いかもしれない。しかし、それはまったくの俗論、素人講釈のたぐいで、本当のところを言えば、日本人も大昔からけっこう盛大に肉食をしていたのである。

薬喰《くすりぐひ》隣の亭主箸持参

これは、まるで川柳のようだが、じつは、かの与謝蕪村の句である。句は明和五年（一七六八）『自筆句帳』に出る。「薬食い」というのは、寒中に体を温めて風邪などを防ぐという意味で、つまり「薬」として、獣肉を食べる風習を言った。

このことは、関東も上方も変わるところはなかったらしい。右の句の意味は、寒い日に、火鉢かコンロか、なにかそんなものを抱えて、そこに鍋を置き、肉を煮て食おうとしていたところ、その匂いをかぎ付けて、隣家の亭主が、「ちょいとおいらもお相伴にあずかりてえ」とばかり、箸を持参してやって来た、というのである。ちょっと川柳めいた、蕪村としては珍しい詠みぶりの一句である。

ところが、明和頃の『類題発句集』（蝶夢編）には、

薬くひ箸とりかねし女かな　竹圃

という句もある。さて、どうして「女」は箸を取りかねたのであろうか。

思うに、現代でも、いわゆるイカモノ食い、というようなことになると、断然と男の世界という感じがあろう。

よくテレビで、ろくに味も分からぬアイドルタレントみたいな者を拉《らっ》しきたって、それ

に、たとえばアヒルの脚（鴨掌《おうしょう》という）なぞを食わせ、水搔《みずかき》もさながら鴨の足の形なるのを見ては、彼女たちがきゃあきゃあ言うのを面白がる、なんて低俗な番組がある。

こういう連中にかかっては、美味きわまりないスッポンの手足や首だの、カエル（中国語では田鶏《デンチイ》という）だの、あるいは、天下の珍菜、蛇のスープだの、ウサギの唐揚げだの、ともかくちょっと珍しいものとなると、たいてい、きゃあきゃあいって下手物《げてもの》の扱いである。

しかし、それは、なにも物を知らない未熟なアイドルタレントだけのことでもなく、いま右に挙げたような品々を料理屋で誂《あつら》えて「さあ、食べなさい、おいしいよ」といくら勧めても、絶対に口にしないというのは、圧倒的に女に多い。

それが、なぜであるかは分からないけれど、事実として、女の人は食物に関してあきらかに保守的で、珍しいものには手を出さないという傾向が著しい。とくに、その生きているときの「姿」が彷彿とするようなものは、かわいそうだとか言って、食べようとはしないことが多いではないか。

そこで、こんな作を見ると、江戸時代でも、男は喜んで獣肉を食らったのに対して、女はいやがって食べたがらなかったということが分かる。

そこで最初の蕪村の句に戻るが、この箸を持参してやって来た「隣の亭主」、あきらかに

「いそいそと」現れた感じがする。肉食は美味い、そういうことを知り尽くしている人でなければ、なんで箸持参のうえ、隣家まで推参するものか。

ところが、同じ蕪村の句でも、

しづしづと五徳居《す》ゑけり薬喰《くすりぐひ》

というのもある。いかに、薬と称して肉食をするのが当たり前の習俗だったとはいえ、どこか「人目を忍ぶ」趣があったのであろう。だから、火鉢に五徳を据えるとしても、カチャンカチャンと音を立てたりしないよう、そっと密やかに五徳を置くというのである。

蕪村の高弟で高井几董《きとう》という人は、こんな風に、また薬食いを詠んでいる（『井華集《せいかしゅう》』）。

薬喰ひおぼつかなさに人誘ふ

薬食いはしたいのである。ああ、こう寒くなると、あったまる猪鍋《ししなべ》なんぞを食べたいなあ、とは思うのである。けれども、かといって一人で鍋をつくというのは、いかにも密かに悪事をなす嫌いがあって、どこか気が咎めるのであろう。だから、だれか気の置けない知友を誘って、「おい、ちょいと良いイノシシの肉が手に入ったが、どうだい、寒さしのぎに猪鍋でも、一緒に」と誘っているていである。いわば、「みんなで渡れば怖くない」とでも言いたげな、軽いユーモアが感じられる。

そうして、おそるおそる（でもないけれど）イノシシかシカかタヌキか、いずれそういう野生の獣を煮たり焼いたりして食ったあとは、

薬喰ひ鶴の毛衣うらやまず　蚊牛《かぎゅう》

という句にあるとおり（『俳諧発句類聚』文化四年［一八〇七］序）、つまり体中ほかほかとあったまるという趣向なのであった。そしてその「シシ食った報い」のほうはどうであるかというと、天明七年（一七八七）刊『俳諧故人五百題』に、

くすり喰ひ罪科《つみとが》もなし高鼾《たかいびき》　史邦《ふみくに》

てな句が見えていて、つまり別段になんの罰も当たらないということは誰もが知る経験上の真実であったのだ。

鹿、猪から猿までも

実は、獣肉を食することによって「養生」の足しにしようという考えは、ずっと古くからあった。そもそも『延喜式』にも、神への供御《くご》として、「鹿脯《ろくほ》（シカの干し肉）」や「兎醢《とかい》（ウサギのひしお）」などの他に、豚のわき腹の肉だの鹿の内臓など、いくらも獣肉が挙げられているのである。

また『日本書紀』仁徳天皇三十八年七月の記事に、天皇皇后両陛下が高殿に避暑しておられたときに、鹿の声を聞いて心を慰めていたところ、翌日、猪名縣《いなのあがた》の佐伯部《さえきべ》というものが「鹿の苞苴《おほにへ》」を奉ったという事実が出ている。

これは鹿の肉を塩漬けにして苞《つと》の形に巻いたもののようだが、結局天皇は昨夜鳴いていた鹿を憐れんでこれを聞こし召さなかったように書いてある。

しかしながら、そういうものを奉ったということ自体、当時の大君が薬食いとして鹿や猪の肉を召し上がったものであることを証明するに足るであろう。

さらに、天武天皇四年四月の条には、「牛、馬、犬、猿、鶏の宍《しし》を食《くら》ふこと莫《まな》」という勅令が公布されたということが言ってあるから、つまり、それまでは、これらの鳥獣を食っていたということが明らかである。

そもそも、「いのしし」という言い方自体、本来は「猪《い》の肉《しし》」ということで、また古くは「鹿の肉」という意味で鹿のことを「かのしし」とも言った。そうした名辞のありようは、つまり、鹿や猪を「食肉」と見なしていたからこそのことで、牛や馬はさておき、鹿や猪を食うことには、別段な嫌悪感もなかったことが想像される。

いっぽう、牛馬は鹿や猪ほどには普通に食さなかったようだが、それは、それらが農耕の助けとして家族同様に飼われていたからである。

それでも、密かに殺して食っていた人もあったらしいことは、『今昔物語集』十五に「北山餌取法師往生語」という説話があって、そこには、大原の奥に「年老たる法師」とその妻らしい女が、牛馬の肉を小さく切って「鍋に入れて煮」て食ったということがあったと記されている。

『今昔』には、ほかに「鎮西餌取法師往生語」という説話もあって、これは諸国行脚の僧が鎮西（九州）廻国《かいこく》のおり、さる山奥で「牛馬の肉」を食う女に遭遇したということが書いてある。

ところが、ずっと下って、江戸中期享保時代にかの其角が撰んだ『類柑子《るいこうじ》』という俳書には、

腸《はらわた》を塩にさけぶや雪の猿

という難解極まる句が出ていて、それについて其角は次のように注釈している。

哀猿《あいえん》の声さえたてぬ成けり。昔、四谷の宿次《しゆくじ》に狩人の市をたて、猪、かのしし、羚《かも》羊、狐、貉《むじな》、兎のたぐひをとりさがして商へる中に、猿を塩漬にして、いくつもいくつも引上て、そのさま魚鳥をあつかへるやう也。

こう書いてあるからには、あながちに空言とも思えない。つまり、山奥ならぬ江戸の町中で、鹿や猪のみならず、猿の塩漬けやカモシカなどまでが、堂々と売買されていたという確

かな記録がここにあるというべきであろう。が、これで驚いてはいけない。文政年間に喜多村信節《のぶよ》という人の書いた『嬉遊笑覧《きゆうしょうらん》』という百科随筆には、大道寺友山の『落穂集』という書物を引いて、冬の薬食いに専ら犬を捕まえては食用にしていた地方のあったことを考証してもいるのである。

さて、こう見てみると、鳥ならば鶴でも白鳥でも鴨でも雁でも何でもござれ、獣なら鹿猪はいうに及ばず牛、馬、猿、狐、狸、貉、羚羊、兎、およそ何にても「薬」にして食っていたのが、私たちの祖先の行状であったことが明らかである。

だから、明治になって、町々に牛鍋屋が出現し、散切頭《ざんぎりあたま》の書生たちが、これを新風俗と持て囃したとしても、いやいや、そんなことは神代の昔から珍しからぬ習慣であったというもので、ただ、違う点は、江戸以前はそれが「薬食い」だというイクスキューズを必要としたという点、それから、「女子供」はあまり食べなかったという点くらいのものである。

されば子煩悩で有名な蕪村は、こんな句も詠んでいる。

妻や子の寝貌《ねがほ》も見えつ薬喰《くすりぐひ》

げにも、妻子の手前を憚りつつ、それでも猪鍋なぞに舌鼓を打っていた蕪村の面影がしのばれて面白い。

第十九席

食うか食べるか

「食う」はぞんざいな言葉ではない

前席は、「薬食い」という風習について述べたが、さて、この「薬食い」という言葉は、つねに「食い」であって、「薬食べ」とは言わない。

そういう語彙を集めてみると、たとえばまた、乳幼児の通過儀礼として「お食い初め」というものがあるが、これを「お食べ初め」とは言わない。「食いしんぼう」「食い倒れ」なども、まず「食べしんぼう」「食べ倒れ」と言うことはない筈である。

反対に、食べたなりで片づけもせずに座を離れることをいう「食べ立ち」という言葉を、ふつう「食い立ち」ということはないし、「食べ汚し」なども「食い汚し」という形では使わないのが当たり前だ。

「食う」というのを、もう一段下世話に言うと「食らう」ということになるが、たとえばまた、「かっ食らう」というふうな言い方はあっても、「かっ食べる」ということはあり得ない。

以上のように、実際に使われている「言葉の傾向」からして、「食う」と「食べる」とはなにか違ったところがあることが分かるであろう。実は、「食う」と「食べる」は、歴史的には、かなり位相の違った言葉であった。

今席は、この「食べる／食う」を巡って、少しばかり歴史的なことを述べてみたいと思う。「食べる」は丁寧、「食う」はちょっとぞんざいな言い方（「食らう」はもっとぞんざい）だ、と単純に思ってはいけない。ことはそれほど簡単ではないのである。

たとえば、上記の例で見ても、「お食い初め」のような正式の儀礼について、もし「食べる」が単純な丁寧表現だったら、なぜ「お食べ初め」と言わないか。

この一事をもってしても、「食う」が現在ふつうに考えられているほどにはぞんざいな言葉なのではないということが理解される。

そもそも「飲食する」という動作に対しては、日本語には、古今頗《すこぶ》る多様な表現があった。

それはどうしてかというと、なにかを飲食するという行為が、すなわち、人と人とのコミュニケーションのメディアとして用いられてきた経緯があるからである。

今日でも、たとえば「同じ釜の飯を食う」と言うとき、それが、単に飲食のみを指すのでないことは自明のところであろう。「他人の飯を食ってこい」というのも同様に、その飲食ということを以て、世間の人々と交流することを言うわけである。

最上級の敬語表現を用いて、至上の尊貴の人が飲食することを言うときは、「聞こし召させ給ふ」などと言った。これをやや簡略に言うと「聞こし召す」となり、さらに「召す」だけにもなり、もうすこし丁寧の度合いを加えて「召し上がる」ともなった。が、正確にいえば、「召す・聞こし召す」などは、いずれも、元来「飲食する」という意味の言葉ではなかった。

そうして、こういう場合に、決して「食べ給ふ」などということはなかったのである。「召す」は「見す」から転じた言葉で、「見る」という動作に、使役尊敬の助動詞「す」が熟合して字音の変化を来したもので、従ってその意味は「ご覧になる」ということ、「聞こし召す」は同様に「聞く」に「す」が付き、そこに「召す」を重ねたものだから、本来は「お聞きになりご覧になる」というだけのことだったのだ。

結局これらは、そういう至尊の方に対して、「食う」というような「忌むべき行為」を露骨に言うのを避けて、なにか遠回しな表現で代用した言い方であった。

どうして飲食が忌むべき行為であったかというと、飲食、排泄、入浴、睡眠、というような日常の動作は、すべてあまりおおっぴらにしてはならないものだったのだ。これらの生命に関わることを露骨に執り行うと、悪鬼とか外道とかいうようなよからぬ者に取り憑かれたりするもとであった。

だから、尊い身分の人であればあるほど、ものを食べたりするところを人には見せないのが通例であったし、また、だからこそ、そういう方と飲み食いを共にするということは、きわめて異例な、特別の機会とみなされたわけである。ここに、上下の区別を峻厳に見た各種の飲食表現が生まれる理由があった。

「たべる」は「給ぶ」

反対に、下へ向かっては、「食う」があり、「食らう」があり、さらには、「かっ食らう」だの「ぶっ食らう」だのいうようなごく乱暴な言い方があったが、こういう飲食行為の一連の動詞のなかで、「たべる」だけはちょっと違っていて、ひと並べにしては論じられない別の含意をもっていたのである。

まず、中世の代表的な演劇たる狂言のなかに見える次の例をご覧いただきたい。

(主) おのれはにくいやつの。留守に能う酒をぬすんで呑《のみ》おつたな。
(太郎冠者) イヤ、給《た》べはいたしませぬ。
(主) あれ程呑《の》うで呑《のま》ぬといふ事が有る物か。
(太郎冠者) ああ、ゆるさせられい、ゆるさせられい。

……………

(主) ヤイ次郎くはじや、能う酒をぬすんでのみおつたな。
(次郎冠者) イヤ、私は給べはいたしませぬ。
(主) 何の、呑ぬといふ事が有る物か。

これは有名な『棒縛り』という狂言の一節であるが、ここに酒を巡って二つの違った動詞が用いられていることが分かる。「呑《の》む」と「たべる（給べる）」とである。

現在では「たべる」という動詞は、もっぱら固形物の飲食にのみ用いられ、酒のような液体について「たべる」ということはない。しかし、この例に見ても分かるように、古くは「たべる」は酒にも用いた。

そこでどんな液体にも「たべる」と言ったかというと、それはそうではない。たとえば、

「水を飲む」という意味のときに「水をたべた」とは言わなかったのである。

さて、前記の岩波文庫本の大蔵流のテキストでは、かくのごとく、「たべる」という字には「給」という漢字が宛てられている。これが、もっともよく「たべる」という動詞の出自を指し示しているのである。すなわち、もと「賜う・給う」という動詞があって、これがややつづまって「賜ぶ・給ぶ」という形になったということだ。

古くは『催馬楽』にも、こんな曲がある。

さけをたうべて、たべゑうて、たふとこりんぞや、まうでくる、なよろぼひそ、なよろぼひそ、まうでくる、たんな、たんな、たりや、らんな、たりちりら

この「たうべ」も「たべ」も同じであって、要は「賜ぶ＝いただく」ということである。酒を頂戴して足下がよろよろ覚束《おぼつか》ない男が、調子よく笛太鼓の音を口まねしながらやってくる、とまあそのような意味である。

下っては和泉流狂言『花子』などに見える狂言小歌に、

ひとつこしめせたぶたぶたぶと、よるのとよるのとお伽にや、身が参ろ身が参ろ

という例がある。この「ひとつこしめせたぶたぶと」という形の歌謡は、『宗安小歌集』にも『松の葉』にも『大幣』にも多少の異文をともないながら出ているから、よほど長いこと、また広く愛唱された小歌であったことがわかる。そうして、その意味は、

「ひとつ聞こし召せたぶたぶと」

というのであるが、この「ひとつ」は、酒席での慣用表現「ま、おひとつ」というのに同じ。「聞こし召す」は相手の飲食行動を尊敬した言い方。そうして「たぶたぶと」は、一つに「ダブダブと」とでも言い換えられるような擬音で、同時に、たぶん「給ぶ給ぶと」というのを掛けるのであろう。つまり「どう、一杯お召し上がれ、おお、いただきますいただきます、だぶだぶとね」とでも訳したらいくらか分かるだろうか。

こういう「給う=たぶ/たうぶ」は、酒席などで、杯をいただく、お返しする、というような社会的行動と共に伝わってきた表現である。

ところが、だんだんと、その謙譲語としての意義が希薄になってくると、「酒をたぶ」といったところで、ほとんど「酒を飲む」というのと同義になってしまい、やがて、「食べる

＝食う」と変じて、その本義が分からなくなっていった。それはおおむね江戸時代中期ころのことであろう。

それでも、なんとなく「いただく」という気分だけが残っていて、だから「お食い初め」のように、「いただく」のでなくて主体的に飲食する意味の場合には「食べる」が「食う」に取って代わることはなかったし、また、なんとなく「食べる」のほうが丁寧なニュアンスを感じるので、女言葉においては「ケーキを食べたいわ」とは言っても「ケーキを食いたいわ」などとは言わないのが常識である。

従ってまた、酒は「たべた」けれど、水は「のんだ」のであり、いかに丁寧に言うのが良いからといって、長上至尊の際《きわ》に向って、「帝が食べ給うた」などとは言わなかったのである。お分かりであろうか。

第二十席　付合《つけあい》という道具(上)

俳諧の基本は連句

「付合」と書いて、「つけあい」と読む。

古い時代の俳諧の用語である。俳諧というものと、現代の「俳句」というものは、先祖と子孫という関係ではあるけれど、決して同義ではない。

江戸時代、「俳諧」というと、ふつうそれは「連句」を指した。連句とはなにかということは、これまた容易に説明し難い複雑な概念であるが、ひとことで言うと、「五七五」からなる「長句」と「七七」からなる「短句」とを交互に連ねていって、その連続しながら、徐々に変貌していく「連続と飛躍」を楽しむ文芸であった。

連句の標準単位は、江戸の中期以前までは、百句を以て一纏《まと》まりとし、これを「百韻《いん》」と言った。そうして、百韻を十巻連ねると、これを「十百韻《とっぴゃくいん》」とか「千句」とか言った。さらに夥《おびただ》しく連ねて百韻を百巻連ねれば、「万句」と言った。それぞれ、荒木田守武の『守武《もりたけ》千句《せんく》』やら、西鶴らの『生玉万句《いくたままんく》』などが有名なところである。

しかし、いかにノンビリした時代だったとはいえ、そしてまた、口疾《と》きを以てその特色とする俳諧文芸とはいえ、千句も万句も連ねるというのは、正直時間もかかり、骨も折れる大仕事であった。

そこで、これを段々と短縮するほうに傾き、半分の五十句で止めておくものを「五十韻」といったが、これは、いかにも中途半端な感じがしたと見えて、あまり多くは作られなかった。

もう少し句数を節約すると、三十六句で一巻という連句が現れる。これを三十六歌仙に準《なぞら》えて「歌仙《かせん》」と呼ぶ。

芭蕉時代以降の連句は、ほぼこれに統一されてしまったが、その結果、本来的な形であった百韻のほうは、急速に廃《すた》れていった。

もっと短くすると、歌仙を半分にして十八句で止めておく「半歌仙」なんてのもあったが、これは、いかにも途中までかかりそめに作るという風情があったので、これまた正式の文芸形式としては、それほど多くは作られなかった。

いうものがあった。そのような俳諧では、一句だけ独立して作るのではなく、一座の人々が多くは代わる代わる長句または短句を詠んで、繋げていく、こうした共同体的文芸にとって、最初の一句は就中《なかんずく》大切なものであったのだ。もしその句が、愚劣で無内容な句であったとしたら、それに続く「付句《つけく》」どもがいかに高尚であろうとも、全体として格調を保つことは難しいと思われていたからである。

もっともっと短くなると、百韻の第一枚目の懐紙《かいし》の表に書いた八句だけを取りだすという象徴的な形式も現れ、これを「表八句」と言った。かの芭蕉の『奥の細道』の冒頭で、「面《おもて》八句《はちく》を庵の柱に懸置《かけおく》」とあるのがそれである。そうして、その短縮の行き着いたものが「発句、脇句、第三」の冒頭三句だけを作るという「三つ物」という形であったが、これは、新春の祝言とかそういうような特殊の場合に「歳旦《さいたん》三つ物」というふうにして作られるに過ぎなかった。

いずれにしても、俳諧は、一句だけで独立している文芸ではなく、二句以上連ねて、その連なり方を楽しむという方向にもっとも大切な性質があったのである。

ところが、どんな形であるにもせよ、その第一句というものは、すべての連句の「顔」であるから、総ての連句において、もっとも尊重されたのは当然であった。

何人かの人が集まって「座」を形成する、そうして、その一座の人々が多くは代わる代わる長句または短句を詠んで、繋げていく、こうした共同体的文芸にとって、最初の一句は就中《なかんずく》大切なものであったのだ。もしその句が、愚劣で無内容な句であったとしたら、それに続く「付句《つけく》」どもがいかに高尚であろうとも、全体として格調を保つことは難しいと思われていたからである。

それ故、勢い、俳諧を学ぶものは、その冒頭句たる五七五の「発句」を日夜修練して怠らなかったのである。

これが、連句のなかで取り分け発句だけが独立して発達したほんとうの理由であって、そこから、明治期にはいると、連句などは一向等閑《とうかん》に付して、もっぱら発句ばかり捻るという風潮が生まれたのである。

そうして、発句はやがて「俳句」という名前に看板を掛け替え（俳句という言葉自体は江戸時代から既にあったが、それを一個独立の文芸の名称にまで高めたのは正岡子規らであると言われている）、以後、日本全国、津々浦々、老いも若きも、学問教養才覚才能の有り無しを問わずして、もっとも御手軽な文芸である「俳句」が遍《あまね》く広がったのである。

俳句に「季語」が無ければならないという式目も、本来俳諧というものが「座の文芸」であるというところに由来する。一座のメンバーが集まって運座《うんざ》を開く時に、もし、時が秋であるのに春の句から始めたのでは、いかにも不自然で具合が悪かろう。そこで、運座の当季を以て発句を詠むという習慣が醸成されたのである。

なぜわざわざ季節の言葉を入れるのかといえば、それは簡単で、一座が集まって「さあ始めましょう」という意味での「挨拶」の性格を発句が帯びていたからである。「時候の挨拶」というあれである。

連句に求められたメカニズム

さて、問題は、長句と短句が交互に続いていくといっても、それはいったいどういうことであるかということである。

第二勅撰集である『後撰集』の巻六、秋中の巻に、こんな歌が見えている。

白露のをくにあまたの声すれば
　花の色々有りと知らなん

これには、「秋のころをひ、ある所に、女どもの、あまた簾の内に侍けるに、男の、歌の元を言ひ入れて侍ければ、末は内より」という詞書がついていて、その成立の次第が説明される。

すなわち、秋のころ、たぶん貴族の屋敷ないしは宮中であろうけれど、ある所の御簾のうちに女たちのさんざめく声が聞こえた。そこへある風流な男が通りかかって「白露のをくにあまたの声すれば」という歌の元（上の句）を即興で詠み、御簾の内へ歌いかけた。すると、中の女たちのなかにも洒落者があったと見えて、「花の色々有りと知らなん」と当意即妙に歌の末（下の句）を唱和したという話なのだ。

つまり上の句は男の立場で「おっと、白露の置くこの秋の宵、この奥に大勢の声が聞こえるぞ」と詠まれ、下の句は、女の立場で「ですから、ここに秋草の花が色とりどりに咲いているじゃありませんか」と詠まれているということになる。

これが、勅撰集に事実上の連句が現れる最初の例であるが、こういうふうに、五七五の上の句に、まったく依拠した形で七七の下の句を付けるというだけならば、これは誰にでも考え付く発想である。

ところが、こうした「和歌の合作」という段階を超えて、多くの人たちによって、座の文芸としての連歌や連句が作られていくためには、反対に七七の短句に、五七五の長句を付けるという必要ができてくる。

こうなると、もともと、七七五七五という詩形は存在しないのだから、上記のごとく単純な和歌の合作というものとは全然別のメカニズムが要求されてくるであろう。

そこでまず、こうした言語遊戯の一つの到達点を示す山崎宗鑑の『犬つくば集』という連句集を繙《ひもと》いてみようか。そこにたとえば、こんな風にある。

首を延べたるあけぼのの空
　きぬぎぬに大若衆の口吸ひて

先の句（これを前句《まえく》という）は、「首を伸ばしているあけぼのの空」というだけで、これではいったい何をいっているのか分からない。つまり、それは「なぞなぞ」のような仕掛けなのだ。

その謎を解いてみせた頓智が、後の句（これを付句という）で、「それはですね、わたしが首を伸ばしているのですよ、あけぼのに。どうしてかというと、一夜を共にした若衆の奴がね、とんだ背の高い男でね、お別れのキスをしようとしたら、届かないんで、ぐっと首を伸ばした、とそういうわけですよ」というのである。

つまりこれは当時流行の男子同性愛《ホモセクシュアル》のカップルの朝の別れの一場面でございました、ととんだお笑いの方面に解いたのである。

こんな能天気ななぞなぞ遊びに打ち興じているうちには、俳諧という文芸も、大したことにはならなかった。けれども、やがて、それだけでは済まなくなってくる。

それはちょうど、元来が低次元の遊びであった川柳のようなものが段々と洗練されて、次第に人生の種々相を諷刺する一文芸様式へと成長していったこととちょっと似ているかもしれない。

つねに謎解きや悪洒落ばかりではやがて人は退屈する。そこで、もっと内容のある、シリアスな風景や人情や喜怒哀楽なんかをテーマとして連句を作ろうという機運が生まれてくるのだが、それが中世末期の荒木田守武らの時代であった。

そうなると、ではいったいどうやって、五七五と七七を、そして七七と五七五を繋げていくかということが大きな課題となるだろう。ここに、その接着剤として「付合」という便利な道具が発明されたのである。

第二十一席　付合という道具(中)

「掛けことば」と「縁語」

考えてみれば、和歌という文芸の形式のなかに、すでに後に俳諧として発展していく要素は充分用意されていたのである。前席にご紹介した、

白露《しらつゆ》のをくにあまたの声すれば
　花の色々有りと知らなん

という『後撰集』の歌（連歌）を例にとって、いくらかこのあたりを説明してみようか。

この歌は、「掛けことば」と「縁語」という「技巧」によって成り立っている。

まず、「白露」とあるが、この単語と「をく（置く）」という語は「縁語」という関係にあ

る。「白露が置く」というのが一連の熟した表現となっていて、もともとごく自然な連想関係に結ばれた語彙《ごい》群に属しているからである。と同時に、「をく」は「奥」という意味も兼ね、すなわち、このほうは「掛けことば」の技法である。

このセンスでいけば、たとえば「花」と「色」だって縁語だし、「白」と「色」も一種の縁語である。

さらに、もうすこし分析してみれば、前句に「あまた」とあるので、付句に「色々」と応じているのであろうと見られ、こういうのは縁語とはいわないけれど、一種の対句関係とでもいったらいいだろうか。

さらには、「白露」というのは、日の光にたちまち蒸発してしまうがゆえに、通常「儚《はかな》いもの」の比喩として用いられるのだが、それに呼応するように「花の色」も、これまた移ろいやすいものの喩えである。例の小野小町の「花の色はうつりにけりないたづらにわがみよにふるながめせしまに」という歌などを想起すれば、そのあたりの消息は見えやすいことであろう。

そのように、白露と花の色で、対句的に響きあいながら美の無常を詠じているかに見せ掛けつつ、じつはその裏に「花の色＝美人の私たち」という二重の意味を隠喩しているわけである。

和歌の世界で、「掛けことば」と「縁語」は有力な技法であった。『源氏物語』に出てくる和歌のごときは、もうそういう技巧だらけと言ってもよいくらいである。

そして、掛けことばは、ごく限定された語数のなかで、意味を二重三重に重ねて複雑なことを詠むのに有効な手段だったし、一方の縁語は、あれこれと連想の働きあう語彙を鏤《ちりば》めることによって、和歌全体の情調をしっかりと統一する働きをしたのである（もっとも、近代和歌は、こういうのを無益な遊びのように思って、その作歌法上から退けてしまったけれど）。

そうすると、上記の『後撰集』の歌（連歌）のごときも、別々の作者によって作られた上の句と下の句が、ややもすれば乖離しがちになるところを、こうした縁語や対句やといった技法を駆使することによって、たくみに統一し得ているのだということに注意したい。

さて、和歌が堂上《どうじょう》がたの風雅な文芸遊戯であったのに対して、俳諧は、もともと武士や庶民（これらを地下人《じげにん》といった）の玩《もてあそ》びものであった。

和歌が、いかにも「やまとびと」らしい、流れるように優美風雅な調べを重んじて、漢語や俗語などを詠み込むのを潔しとしなかったのに対して、俳諧は、狂言綺語《きようげんきぎよ》をこととし、あえて和歌が捨てて顧みなかった漢語や俗語のたぐいを喜んで詠み用いた。そこに、堂上がたに対抗して地下には地下の美意識を主張するとでもいうような気概がたしかにあったのである。

そこで、和歌における縁語という概念を、水平方向にひろく展開して、この世の天然自然、人事雑事にいたるまで、ありとあらゆる語彙に対して、それぞれに、縁ある言葉を定めたのが、「付合《つけあい》」というものである。言ってみれば、付合は、俳諧における縁語とでもいったらいいようなものであった。

「槍」と「謡」はどう結びつくか

その実際は、たとえば、「風」という語に対して、「雲、散花、こぼるる露、木の葉」などという語が付合になっているのは、和歌の縁語に近く、ごく分かりやすいものであるが、「馬の耳」「馬いばふ」「無常」などという付合になると、ちょっと頭を捻る。これらは「馬耳東風」「北風に胡馬いばふ」（北方異民族の馬は北風の吹くたびに胡国を慕っていななく、即ち故郷の忘れがたいこと）などの諺による連想であったり、「無常の風に誘われて（=死ぬこと）」というような慣用句に従って発想されたものであったりする。

しかし、これらはまだ分かりやすいもので、たとえば「槍」という語に「梅」「戸」

「頤《おとがい》」「鉋《かんな》」などという付合があるのは、ちょっとなぞなぞめいてくる。

これはそれぞれ「槍梅（＝梅の一品種）」「遣戸《やりど》（＝今の引き違い戸のこと）」「槍頤《やりおとがい》（＝顎先の尖った顔つきのこと）」「槍鉋《やりがんな》（＝原始的な鉋の一種）」という言葉が存在するので、そこからの連想なのである。

しかるにこれに「連歌の句」だの「謡」だのが付合だということになると、直観的にはその理由がわかりにくい。種明かしをすれば、まず「連歌の句」のほうは、連歌や俳諧の術語「遣り句」に由来する。これは、連句の進みが泥《なず》むことを嫌って、座中の巧者があえて無内容な、どうでも解釈できるようなあっさりした句を詠むことをいう。かくて「連歌の句」と「槍」が付合なのである。

いっぽうの「謡」は、地謡が声をそろえて歌うところで、下手くそな者が、フライング的に飛び出してしまうことを「槍を出す」という。それで「下手の謡に槍多し」などという諺もあるくらいである。だから、「槍」と「謡」は付合なのだといわれても、こうなってはもはや判じ物に近い。

そうして、その付合の根拠が何でもあれ、長い俳諧連歌の歴史のなかで、つぎつぎにこうした頓智に満ちた付合が考案され認定されて、それはやがて鬱然たる森のように夥《おびただ》しい数に上った。これらを一覧表のような形に整理して集大成したのが、高瀬梅盛《たかせばいせい》という俳人の編纂した『類船集《るいせんしゅう》』という書物で、刊行は延宝四年（一六七六）、七巻に及ぶ大冊である。こうした本はほかにも幾つも作られ、それらがつまり俳諧の連歌（連句）の作句のための必須資料となっていった。

さて、では実際に、こういうメカニズムはどのように作句に適用されたのであろうか。

弓取《ゆみとり》の弦葉《つるは》ならぬはふつゝかに――A
　驚鹿《かがし》にひたとまとふ夕がほ――B
月赤き辺土《へんど》の住居《すまゐ》かこひなし　――C

以上の三句は、『紅梅千句』という明暦元（一六五五）年に刊行された松永貞徳一派（これを貞門という）の俳諧の代表的連句集のなかの句例である。

Aは要するに「自分は弓取りの家（＝武士）の門葉の出ではないので、ふつつかな者だ」という意味であろう。

これに付けられたBの句の意味は、「案山子にヒシとまつわり付いている夕顔の蔓よ」ということで、一見、意味的につながりのない付け方に思える。

しかし、ここに付合を検出してみると、まず、「弓」と「かがし」あるいは「つる（弦／蔓）」と「夕顔」とは、それぞれ付合の関係になっていると見てよい。その他にも、前句に「ならぬ」とあって、それを「（実が）成らぬ」と解すれば「夕顔」に付き、「鳴らぬ」と読めば「ひた（引板）」（雀などを追い払うために田に縄を引き回し、そこにからからと音を立てる板を付けておく仕掛け）という連想も働く。

かくの如く、AとBとは、「弓→かがし」「弦→夕顔」「ならぬ→ひた／夕顔」といくつもの付合またはそれに準ずる語彙の連想で結ばれていることが分かるのである。

こうして、意味上ではあまり関連がないように見える両句も、言葉の上ではがんじがらめにくっついていると言ってよいので（こういうのを「詞付《ことばづ》け」といったが、かくあまりにたくさんの言葉を付けるのは「四つ手付け」といって讃められなかった）、ここまで周到に両句が言葉の連想で接着されていると、意味上は、多少すじの通らない飛躍があっても、まずまずそれでよしとされたのである。それが貞門流のやりかたであった。

強いて言えば源氏に寄り添う夕顔の面影があるとも見えるし、その蔓に実が「成らない」のはふつつかだ、と解くこともできよう。

もっとひどい読み方をすれば、案山子の弓ならぬ部分すなわち下半身に夕顔の実がブラブラしているのは、まことにふつつかなる有り様だと、ばかに猥褻な句にも見える。

要するに、それらのいずれの解釈をとるかは決定しがたいので、曖昧模糊とした意味上のつながりしかここには想定できないということにほかならない。

けれども、意味上はどんなに曖昧でも、言葉の付けがしっかりしていれば、合格となったのがこの時代の素朴な付け味であった。

第二十三席　付合という道具(下)

「詞付け」と「心付け」

弓取《ゆみとり》の弦葉《つるは》ならぬはふつゝかに――A
　驚鹿《かがし》にひたとまとふ夕がほ――B
月赤き辺土《へんど》の住居《すまゐ》かこひなし　――C

Aの句からBの句への渡りでは、「弓→かがし」「弦→夕顔」「ならぬ→ひた／夕顔」というあんばいに、幾重にも言葉の付けが張り巡らされ、いわゆる「べた付き」の状態であるにもかかわらず、意味上はさほど緊密にむすびついていたわけでもなかった。では、BからCへの渡りはどのようになっているのであろうか。

まずまっさきに目に立つのは、前句の「夕がほ」である。かくあるからには、どうしても『源氏物語』の夕顔の巻、源氏が「五条わたりの」「小家がちなる」あたりで、謎の美女夕顔の上を見初めたというあの物語が想起されずにはいない。当時の五条というのは、いわば「場末」であって、そこから「辺土の住居」という表現が呼び出されたと見るのは自然である。

しかし、まさか、京の五条に案山子があるわけもないから、この限りでは、「驚鹿」の部分はちょっと等閑《とうかん》に付されている。ただし、その一方で、「鹿」と「垣」が付合になっているので、「驚鹿」の部分は、この付合によって無事に接着されていると見てよい。同時にまた「瓢箪」と「垣」は付合であり、夕顔は蔓草であって瓢箪に似た実を付けるから、「夕がほ」と「かこひ」もまた付合になっていると見て不都合でない。

と、言葉の上でのあれこれの付けを認めた上で、では意味上はいったい、どんなつながりになっているのであろうか。

こちらのほうは、AからBへの渡りよりも、いくらか意味上は濃密なつながりが認められる。

これは、こう読み解くのであろう。前句の、案山子があって、それに夕顔の蔓がひたと纏わり付いているという叙景をば、辺土の住居の様と見立てるのである。たとえば、『更級日記』にこんな行文が見られる。

東《ひんがし》は野のはるばるとあるに、東の山ぎはは、比叡《ひえ》の山よりして、稲荷などいふ山まであらはに見えわたり、南はならびの岡の松風、いと耳近う心細く聞えて、内にはいただきのふもとまで、田といふものの、ひた引き鳴らすをとなど、ゐ中の心ちして、いとおかしきに、月のあかき夜などは、いとおもしろきを、ながめ明かし暮らすに知りたりし人、里とをくなりて、をともせず

京の西の外れの、それこそ「辺土」というべきあたりの景色がここに切り取られているのであるが、それは、遠くに山を置き、近くはことごとく田で、そこに引板《ひた》を引き回し、その音が絶えず聞こえている。しかし、里遠きあたりのこととて、月の光はいっそうけざやかに明るい、というのである（「赤き」は「明き」の宛て字であろう）。おそらく「月赤き辺土の住居」と付けた発想の根底には、かかる古典を下敷にしつつ、なお「案山子《かがし》、引板《ひた》」という田園的な景物からの連想が働いているものと思われる。

そうして、「かこひなし」は、おそらく「囲い為し」ということであるに違いない。これについては、また別の古典的文章が思い起こされずにはおかない。

『徒然草』第十一段である。

神無月の比、栗栖野《くるすの》といふ所を過ぎて、ある山里にたづね入ること侍りしに、遥かなる苔の細道をふみわけて、心細くすみなしたる庵《いほり》あり。木の葉に埋もるる懸樋《かけひ》の雫ならでは、露おとなふものなし。閼伽棚《あかだな》に菊紅葉など折り散らしたる、さすがにすむ人のあればなるべし。かくてもあられけるよと、あはれに見るほどに、かなたの庭に大きなる柑子《かうじ》の木の、枝もたわわになりたるが、まはりをきびしく囲ひたりしこそ、少しことさめて、この木なからましかばと覚えしか。

というのがそれである。

十月のある日、栗栖野より奥の、人里離れた山中に、心細くも住みなしている一軒の庵を発見した。谷水を引き入れた懸樋の水のちょろちょろと滴り落ちる音以外には何の物音もしない。ふと見ると、仏に供える閼伽棚の水に、菊や紅葉が折り散らしてある。ああ、こんな辺鄙なところにも住む人があると見える。このように清貧な寂しい境涯にも住めば住めるものか、とものあわれをもよおしていたところ、その庭に大きな柑子（柑橘類）の木があって、その枝に、たわわに実がなっている。ところがその周りに、厳重に囲いがしてあるのを見て、兼好法師はがーっかりしたというのである。

こういうふうな古典世界の情景を思い遣って、それに準《なぞら》える形で、「月のあかあかとした、辺鄙な山里の住いに、それでもしっかりと囲いを造って」という意味で付けたのであろうから、前句は、その辺土の住いから見渡される田園の景色であるということになった。されば、ほんのわずか『源氏物語』の世界をほのめかしつつ、しかし、『更級日記』や『徒然草』の行文を髣髴《ほうふつ》とさせるような、辺鄙で、しかし風流ならざる田舎の隠者の庵の景色を想像したのであろう。

こうなると、付け味としては、単に、言葉のうえの連関だけでなく、もっと意味上の密接性が感じ取られるので、この種の付け方を、貞門では「心付け」と言った。

大きく見れば、貞門の付け方は、「詞付け」と「心付け」とから成っていたのである。ちなみにCは貞門の首魁《しゅかい》松永貞徳大先生その人の句である。

芭蕉が高めた文学性

付合という概念は、おおむね以上のような塩梅のものであった。おわかりいただけたであろうか。

さて、ところが、こうした「詞《ことば》」による付けというのは、言ってみれば機械的で、しばしば、無茶な「判じ物」めくことがあった。それはそれとして、謎解き的な面白さがあったことは事実であるとしても、こういう行き方は、やがて、類型化し、マンネリズムに堕落していくことが避けられなかった。

したがって、もっと違った、いってみれば、文芸的に「花も実もある」行き方が模索されたのは当然のことであった。

いくらかの紆余曲折はあるのであるが、その委細は、ここには省くことにして、そうした類型化の行き着いた先に、一人の偉大な俳人が現れた。松尾芭蕉その人である。芭蕉は、かかる機械的な「言語遊戯」に過ぎなかった俳諧に、遥かに玄妙なる文学性を付与し、人生観や悲喜哀楽の交錯する「人生の詩」にまで高めたのである。

芭蕉の到達した連句の境地というものが、どのようなものであったか、ほんの僅かの例を挙げてちらりと覗いてみることにしようか。『猿蓑』の中から三句。

湯殿は竹の簀《す》の子侘しき　　　　――D
茴香《ういきやう》の実を吹き落とす夕嵐《ゆふあらし》　　――E
僧やや寒く寺にかへるか　　　　――F

森閑と静まり返った湯殿に竹の簀の子が置き渡してある。そこに人気はなく、がらんとしている。Dは、昼間の湯殿でもあろうか。

これに付けたEの句は、別段何の付合もないのだが、その人気ない湯殿続きの裏庭あたりに薬草の茴香が植えてあるというのだ。

前句の寂寞《じやくまく》たる風情に響きあうように、夕嵐を出し、その小さな旋風に茴香の実がはらはらと落ちた、とまことに精緻な観察を以て自然のささやかな動きを描叙しているのは、さすがである。

Fの句はまた、前句の夕嵐を受け取って「やや寒」の季節感を感じ、そこに、墨染の袂を夕風になぶらせて帰る山寺の僧を点綴《てんてい》したのである。ここにも、特段の付合もなければ、これという古典文学の出典も認められない。

かくのごとく、芭蕉に指導された一派（蕉風）は、もっと丈《たけ》高い、文学味の濃厚な付け味を創出し、それを「にほひ」「うつり」「響き」などと言った。

しかし、それでは、蕉風の付け味がそのまま発展したかというと、これまた芭蕉の時代が頂点であって、いわば、その後は類型化と通俗化の道をたどりつつ、先師の遺産を食いつぶしていったのである。

かくて時去り星移って、明治の御世。

この世知辛い近代になると、のんびりした連句などは衰退の一途をたどり、その衰運の赴くところ、「付合」などという概念は、まったく忘却のかなたに消え去ってしまった。

俳句世界は、日本国中三千に余る同人誌を擁し、ますます隆盛のようであるが、しかし、そこでも連句は一向に振わない。五七五のたった十七文字の俳句という短詩型文芸も、それはそれとして結構であるが、連句というものの面白みは、やってみた人でないとわかるまい。

ここは、蕉風などと高尚なことをいわずと、貞門流の詞付け心付けなどで結構だから、簡単なところから、のどかに連句など巻いてみるのは、却ってこの不景気の世の中に望ましい遊びではあるまいか。

第二十三席　フグか、はたまたフクか(上)

平安時代は「フク」

秋の彼岸の風が吹くころになると、そろそろ河豚で一杯というようなことを思って腹の虫がぐうと鳴るむきも多いのではないかと想像される。

私自身は、河豚なぞにはそれほどの興味も好尚もなく、落語ではないけれど、まあ頂けますれば頂きます、頂けませんければ頂きません、という程度の、ごく不熱心な食べ手に過ぎないのだが、これがまた、左党のほうには、そうとうの河豚狂という人も少なくないから、今席は、ちょっとばかり河豚の呼称について、国語学的アプローチを試みて責めをふさぎたいと思うのである。

われわれ東京の人間は、当然のこととして「ふぐ」という。ところが、これが下関やら九州のあたりへ行くと、ばかに力こぶをいれて「あれは『ふく』というもので『ふぐ』ではありません」と言う人が多い。

まあ、これもお国自慢の一つだから、結句どちらだって構わないようなものではあるけれど、ほんとうのところ、これは「ふぐ」と濁って呼ぶべきなのか、それとも「ふく」と澄んで呼ぶべきなのか、ということについて、文献の上から、面白ずくに論証を試みてみたいというまでのことである。

こういう語の発音について知りたいときに、まず真っ先に調べておかなくてはならない文献は、『倭名類聚鈔《わみようるいじゆしよう》』という古い辞書である。

十世紀の前半に源順が編纂した一種の百科全書であるが、そこには「鯸」または「鮐」の字を注して「和名布久、一云布久閉」というふうに出ている。これは「フク」または「フクへ」と呼んだということを示しているのである。これだけでは、はたしてそれを清濁いずれで読んだかまでは厳密にはわからないけれども、ただ「久」の字はたぶん「ク」と清音に読み、「閉」の字はおそらく「べ」と濁音に読んだだろうという蓋然性が高い。

それより少し前に編まれたと言われる『本草和名《ほんぞうわみよう》』という博物事典には、「和名布久」と出ていて、これは『倭名類聚鈔』と同じい。

ついで十一〜十二世紀頃に成立したかと推定される『類聚名義抄《るいじゆみようぎしよう》』という字書には、

「鯸・鮔・鯸・鮐」の字を示して、そこに「フク　一云　フクベ　イシブシ　チ〻カフリ」というふうな訓が挙げられている。この『類聚名義抄』という字書には、当時のアクセント（音の高低、傍線左が低音）が表記されていて、それに従うと、それぞれ「フク」「フクベ」「イシブシ」というふうなアクセントであったことがわかる。そうして、そのアクセントを示した点（これを声点《しょうてん》という）がダブルでついているものは濁点を表すので、上記の三つの読みについては、清濁がはっきりしている。けれども最後の「チ〻カフリ」には声点がないので、アクセントも清濁も不明である。

こうして、平安朝の主な辞書には、「フク」または「フクベ」の読みを挙げているところを見ると、古い時代の京の公家または僧侶などの言語圏では、「フク」と清音に呼んでいたことがわかる。

そうして、そこからまたこの魚の語源を推量することにもなり、水から上げると怒って腹が「フクれる」から「フク」だとも言い、その膨れたなりが「瓢（ふくべ＝ヒョウタンのこと）」にさも似るゆえに、「フクベ」なのだとも解するのである。

かくのごとく、辞書的には、平安時代は「フク」が優勢で、たしかに「フグ」と濁った例を発見できない。

江戸時代に「フグ」登場

では、中世にはどうだろうか。

中世末に、西洋からキリシタンがやってきて、このバテレンらは日本にキリスト教を宣布することを目指して、さかんに日本語を学んだ。そうして、文法も語彙も文字もなにもかも異相のこの東洋の言語を、比較的に短期間でマスターしてしまったらしいのは、驚くほかないけれど、その過程で、日本人キリシタンと西洋の学僧の共同作業によって、一六〇三年に浩瀚《こうかん》な日本語辞書が成った。これを『日葡辞書《にっぽじしょ》』という。これはなにしろローマ字で書いてあるので、発音については頗る正確な把握が可能であるが、さて、そこには、こうある。

「Fucu, fucuto フクまたは、フクタゥ　ある魚であって、その中の毒を取り除いて、汁に入れて食べるもの」

かくて、中世から近世初頭にかけては、やはり「フク」と清音に呼んでいたことがわかる。

この辞書には、「Cami/Ximo」すなわち「上／下」の区別を立てて、それぞれ上方方言と九州方言を表記することがあるが、このフクについては、とくにそのいずれであるとも注していない。ただ、もとより九州の一地方で編まれた辞書であるから、おのずから九州地方の言い方が標準的に扱われている可能性はなお否定できない。

そこで、室町時代から江戸時代にかけて、もっとも標準的な字書であった『節用集《せつようしゅう》』を調べてみると（もっともこの『節用集』にはヴァリアントが夥しくて、いずれの本を見るかによって導かれる結論に大きな違いが出るのであるが）、まず、ごく古いところで、明応五年（一四九六）に編纂されたらしい『節用集』には「鰏」の一字だけを挙げてこれに「フク」の訓を施している。天正十八年（一五九〇）に刊行された古刊本の『節用集』には、「河魨」の字をば「フクタウ」と読み、「又云吹肚魚」とその語源説的宛字を示しているにとどまる。また天理図書館に所蔵する室町時代末期の『節用集』（枳園本）には「鯣・鰏・鰒」などの字を宛てて、これをいずれも「フク」と読んでいるほかに、天正十八年の本の記述と同じ用字法も併載するのを見るが、いずれも濁音の表記はない。

しかし、ここが微妙なところなのだが、『節用集』という字書は、清濁の表記については、ごく恣意的なところがあって、『日葡辞書』などと比較してみると、要するに濁点はつけてもつけなくてもよい、という態度で書かれていることがわかっている。

つまり、この字書は、はじめから言葉の「発音」はわかっているのだけれど、どういう漢字を宛てたらいいか忘れてしまった、というような人のために作られた、いわゆる今日の机上事典のような役割の字書であったから、音の清濁などを正確に表記する必要がなかったのである。

考えてみれば、濁音表記というものは、日本古来の表記法には存在しなかった。たとえば『源氏物語』などの平安朝の物語や、勅撰集をはじめとする和歌集のたぐいには、まず濁音が表記されていることはない。後に、漢文の訓読音読に際して、前述の「声点」というものが発明され、それをダブルでつけるという方便によって濁音を表したというのが、たぶん今日の「濁点」の始まりだから、日本人は元来そういう「音の清濁の表記」などということにはあまり関心がなかったと見るのが本来であろう。

したがって、『節用集』に濁音が表記されていなかったからといって、それが直ちに清音で読んだことを意味しないというのが、学問的には正しい態度なのである。

とはいえ、『日葡辞書』の記述と、これらの古い『節用集』を並べて見るならば、やはりここは「フク」と清音に読んだ蓋然性が高いと言わざるを得まい（「鰏・鰒」などの字の宛て方もその発音を反映しているものと見られる）。

ところが、江戸時代に入って、その初期寛永二十一年（一六四四）に京都二条通両替町にあった「さうしや太良左衛門」という俗本屋が売り出した片々たる「文字尽」の草子（正確な題名は不明）には、はっきりと「鯸」字を「ふぐ」と濁音に読んでいるのを発見できる。江戸時代の京都の庶民は、たぶん、この魚を「ふぐ」と呼んでいたらしいことがこれで証明されるのである。

第二十四席　フグか、はたまたフクか(下)

清音と濁音の交錯

江戸時代に入ると、文献のなかに「ふぐ」と濁音で読む例が俄然増えてくる。

江戸時代初頭、俳諧の世界は、松永貞徳ならびにその門流の一派によって支配されていたと言ってよろしいのであるが、貞徳の死後、その本統継承をめぐって一派は分裂し、しだいにその勢力を失っていった。そうして、その嫡流をもって自任する北村季吟らと相拮抗する宗匠として斯界のうるさがた的存在であったのが、安原貞室という人であった。

貞室は、貞徳一派のもっとも重んじた表現の品格ということを、とりわけ強調して、俳諧の語彙《ごい》に、より高い格調を求めた。

そこで、彼が著したのが、第七席でもとりあげた『かたこと』(慶安三年［一六五〇］刊)という著作である。

この書物には、当時通行の俗語卑語、また過度に口語的な表現や露骨な方言などを挙げて、それを「かたこと（正しくない偏頗《へんぱ》な表現）」として批判し、正しくはいかに用いるべきかを簡明に注記してある。ここに河豚の呼び名について、次のような記述を発見できる。

「一、河豚《ふくとう》を　○ふぐ」

ここの記述はあとにもさきにもこれきりであるから、これが何を言いたかったかについては、こちらで推量するほかはないのであるが、この本は、「一、○○を　××」というふうに書くばあい、その「○○」は正格とすべき言い方、「××」は訛った「かたこと」ということを意味し、その多くについて、「××といふはわろし」というように批判を加えるのである。

したがって、この河豚の記述は、貞室が、河豚を正しくは「ふくとう」と読むものだと認識してい、それゆえに、「ふぐ」と濁る通俗な読み方は「わろし」と思っていたという蓋然性が高い。

おそらく、当時の京都では「ふく／ふくとう／ふくと」などの旧来の読みと「ふぐ」という新しい読みとが交錯交代する過渡期にさしかかっていたのであろう。

もっとも、江戸時代を代表する料理書である『料理物語』（寛永二十年［一六四三］刊）には、

「ふくたう　汁　杉《すぎ》やき、でんがく、ひぶく、色々」

とあって、この本は極めて正確に音の清濁を表記しているのであるから、この「フクトウ」という清音の読みは信じてよろしい。すなわち、「フクトウ、フクト」のごとく読むときは、清音であったかと思われる。

だから、芭蕉の有名な句、

あら何ともなやきのふは過でふくと汁

（『江戸三吟』延宝五年［一六七七］詠）

は、やはり「フクトジル」と読むのがよい。

またたとえば、江戸時代における最大の絵入り百科事典であった寺島良庵の『和漢三才図会《わかんさんさいずえ》』『略《りやく》』（正徳二年［一七一二］序刊）には、「河豚」の字に対して「ふぐ、ふくへ、ふくと」と三種の読みを挙げ、更に「吹吐魚、嗔魚」などの異字を宛てる。その前者は「ふくと」の音に宛てたのであろうし、後者は河豚が水から揚げられると「嗔《いか》って」膨れると信じられたことに対応する宛字かと思われる。

さらに、この河豚の項目下には「鯖鯸」の標目も立てるが、そこには、明らかに「さばふぐ」と濁音で読んでいるのである。

ともあれ、読みは「ふぐ」という濁音のものと、「ふくへ／ふくと」という清音のものが、両様併用であったことがこれでわかる。

たぶん、「ふくと」のごとく言うときはいくらか古風な、あるいは正式らしい言い方で、しかし、普通にはすでに「ふぐ」と濁るようになっていた、ということをこの事典の記述は物語っているものと見られる。

ちなみに良庵は大坂の医家であったから、これは関西における趨勢であったらしい。

風雅な「フク」と俗なる「フグ」

これとほぼ同じ時代に、筑前の人で中津侯に医を以て仕え、後に京都に移った香月牛山《かつきぎゆうざん》という医師が著した『巻懐食鏡《かんかいしょつきょう》』（正徳六＝享保元年［一七一六］序刊）という食養生の書物には、「河豚　フグ　フクトウ」と両様の読みを併記するから、これは『和漢三才図会略』の示すところとほぼ一致している。

次に、享保四年（一七一九）に新井白石が著した『東雅《とうが》』という語彙《ごい》考証の書には「鯸、

の『和名抄』の「鯸鮐」の二字を挙げて、しかし、その読みは「フグ」と濁っている。そうして、「フク、フクべ」の訓を引いたあとに、「フグとは即其腹脹れぬるをいひ、フクべとは水上浮び出づる事匏瓜《ほうか》に似たるを云ひしと見えたり」という語源説を注記するから、すでに白石の頭のなかでは、河豚は「フグ」という魚であると認識されていたとおぼしい。

さらに、安永から文久にかけて成立した『倭訓栞《わくんのしおり》』（谷川士清《ことすが》編）という一種の国語辞典には、これを「ふぐ」と濁音に読み、なお「古へはふくべといひ、西国四国にてふくとうともいへり」と注記しているから、谷川の理解では、これは「ふぐ」という魚で、清音に呼ぶのは方言のたぐいであるということであったらしい。

あるいは、安永四年（一七七五）に刊行された『物類称呼《ぶつるいしょうこ》』（越谷吾山編）には、はっきりと、「河豚　ふぐ　京江戸ともにふぐと呼ぶ。西国及び四国にてふぐとうと云」と言っているから、この頃までには、「ふぐ」派が、多数を占めるようになっていたことがわかる。

しかしながら、俳諧のように風雅の文芸の世界では、フグという濁音に表記した例はほとんど見当たらない。

芭蕉には、河豚の句は数句程度しかないけれど、現在まで知られているものには、濁音表記をした例は皆無である。これにくらべると、蕪村は、かなりの数、河豚の句を詠んでいる。

いま、『蕪村全集』（講談社版）によって、数えてみると、たぶん全部で二十三句詠んでいるかと思われる。そのうち、平仮名で表記されたものは、

ふく汁の我活キている寝覚哉
逢ぬ恋おもひ切ル夜やふくと汁

などをはじめ十一句あるが、すべて河豚汁を主題とする句ばかりである。

これらの例から見ると、すくなくとも汁については、蕪村は「ふく（と）汁」と考えていたことが明白であって、彼の頭のなかで「ふぐ（と）汁」と濁音で考えられていた証跡は発見されない。

これは芭蕉、鬼貫、一茶、嵐雪、其角などでも同様で、つまり、俳句の世界のように風雅の気分をともなう場合は、おそらく「ふぐ」ではなくて「ふく」だったのであろう。そこには「寒い風が吹く」とか、「熱い汁を吹く」とか、さらには「福」とか、さまざまなことがらが、その清音によって連想された可能性がある。

　ちなみに、星野麦人編『類題百家俳句全集』（明治四十三年［一九一〇］刊）には、河豚並びに河豚汁の句は、河豚九十五句、河豚汁六十五句、合計百六十句が列挙されているが、「ふぐ」と濁って書く例は一つもない。現在刊行されている俳句や川柳の活字翻刻本は、ほとんど例外なく校訂者が勝手に濁点を補ってしまっているため、こうした問題の解決には役に立たないことが多いのだが、といって、片々たる俳書についていちいち原本までさかのぼって考証を加えることは事実上不可能に近い。

　しかし、以上のような諸例からかろうじて推量するに、もともと「ふく」と清音で呼ばれていたところの河豚という魚は、中世までその清音を保っていたが、江戸時代初期から次第に「ふぐ」と濁る現象が口語において発生してきて、当初はそれが、いかにも俗で感心しない表現であったにもかかわらず、やがて勢力を伸長して（ちょうど今日の「ラ抜き言葉」のように）、ついには京都、大坂、江戸の都市部では「ふく」派を圧倒するに至った。しかし、俳人や歌人のような、一部風騒《ふうそう》方面のうるさがただけは（現在も「ラ抜き」は使わない私どもの如く）ずっと後世までも「ふく」を保ち、とりわけ「ふくと汁」は、フグという言葉からはちょっと独立して清音のまま保たれたとおぼしい。

　そうして、古語としての「ふく」は、中央の都市部からは駆逐されたが、言語的には縁辺部の九州四国中国などの一部に温存されて、今日に至っているものと思われる。

それはあたかも、東北に「……べい」（推量の助動詞「べし」の音便形）という古語が訛って残り、あるいは沖縄の方言において「めんそーれ」（「御免候らへ」の転訛した形）などという室町時代式の言い方が今も温存されているのと同じである。

だから結局のところ、これは、「ふく」と「ふぐ」の一方が正しくて他方は間違い、というような、単純な問題ではないのである。

「ことば」への自覚——跋に代えて

以前、言語学者の亀井孝先生がまだ御存命だったころ、なにかの機会に、こんな風に言われたことがある。

「ことば、ってのはね、つかまえようとすれば、するりとにげてしまう。そういう、きわめて、とらえどころのないものなんだよ。その、とらえどころのないところこそ、ことばってものの、あえていえば、ほんしつなんだ、といってもいいかな」

亀井先生の謦咳に接したものとしては、なんだか、こういう風に平仮名で書かないと感じが出ないのが、先生の話しぶりであったけれど、この曖昧模糊とした言説のなかに、さすがに的確に言語というもののあるべき姿を説き明かしておられると思うのである。

たとえば、文法、というものを、誰でも一度は国語の時間に勉強させられたことがあるであろう。ああ、あの頭の痛くなる暗記物か、と苦々しく思い出す人も多いかもしれない。曰く、サ行五段活用の連体形、曰く、主部と述部、曰く、接続助詞と格助詞、曰く、修飾語と被修飾語、云々云々、もううんざりとさせられたというのが本当のところであろうか。

しかし、よくよく考えてみると、その文部省の指図で教えている文法の通りに日本語を話している人は、おそらく日本国中皆無であろう。だいいち、ちょっと地方が違えば、もう文法はまったく違ってくる。

いま、とかくウルサイ問題になっている「見れる・食べれる」の類いの、いわゆる「ラ抜き言葉」にしたって、九州のほうでは、ラ抜きで使うのが昔からの「当たり前」であった。それを、「見られる・食べられる」が「正しく」て「見れる・食べれる」が「間違い」だと規定すれば、九州の人たちは、みな「間違った」言葉を話していたことになるが、そんなバカな話はない。

こういうふうに、「ことば」は、水平方向にその差異を検出していくと、ほとんど村ごとに（いやもしかすると「家ごとに」かもしれない）小さな違いが現れ、その何れを正しいとし何れを誤りとすることもできない。

いっぽう、たとえばまた、同じ村のなかでも、明治生まれの老人が使う言葉と、中年の人の使う言葉と、若者の言葉では、またずいぶんと違っているはずだ。これを年齢による位相差とも言う。つまり、共通語とか標準語とか呼ばれているなかでも、「ラ抜き」の人は若い人を中心として、中年層の一部まで及び、「ラ抜かず」のほうは高齢者を中心に、中年層の半分くらいに至るかもしれない。中年の人でも、よく注意して聞いていると、けっこう「ラ抜き」で話している場合があって、そのことを案外無意識にやっている可能性がある。

「ラ抜き」のことで、ついでにもう一つ言えば、言葉遣いには、「上品な」人と「下品な」人があって、どちらかといえば、上品な人は「ラ抜かず」、下品な人は「ラ抜き」の傾向が強い。

じゃ、その上品と下品なんて、どこで区別するんだ、というと、もうそれは理屈では割りきれない。同じ語彙を同じアクセントで口にしたとしても、その表情とか、ちょっとした発声の違い、あるいは、ほんのかすかな語尾の揺れ、などという微妙なことで、人は上品か下品かを聞き分ける。

こうして、「ことば」というものを、なんとかして「客体的」に捉えて固定化しようとすると、なにしろ「ことば」は物体ではなくて、単なる「現象」に過ぎないのだから、たちまちその当てた物差しのはざまからこぼれ出て、嘲り笑うようにどこかへ飛んでいってしまうだろう。

まして、いわゆる「受験文法」、あの平安朝の文学を規準として「作られた」学校教育上の「文語文法」というようなものは、それ自体、単なる「目安」なのであって、あの通りの文法で正しく書かれた作品などは、どこをさがしても絶無である。これは私が保証してもよい。

翻って考えてみると、だからつまりそのように「転変極まりない現象」であるところのものであるからこそ、「ことば」は面白いのである。

昨今は、ちょっとした「日本語ブーム」だそうである。それで、なにかこれを読めばたちまち日本語の使い手として達人になれるかのような幻想を抱かせる本が、大変に流布したりしている。それは、たしかに良いことではある。そういう気持ちを抱いて、できるだけ正確で分かりやすい言葉をだれもが意識的に使うようになってくれれば、それだけ世の中が明るくなるであろうと思うからである。

しかし、本当の本当を言えば、どんな本を読んだところで、たちどころに日本語が上達するなんてことは、論理的にありえない。何故と言って、母国語というものは、無意識に刷り込まれた言語体系である。もし、親が、いい加減な言葉遣いをしていて、そのいわば下品な話しぶりで子どもを育てたとすると、どうしてもその子どもは、下品な話しかたになることが避けられない。後から洗練するということにも限りがあって、その原初的な言語体系があまり上品でない場合、いかに後から錬磨しても、そこに現れるのは、単に「上品ぶった」言い方であるかもしれないのだ。

「ことば」は、かくのごとく摑みどころなく、曖昧で、常に動いている、そういう雲のような存在なのである。

だから、この本は、「日本語講義」という題名だけれど、この本を読めば、言葉が上達するということは何処にも保証しない。それどころか、本書を一読すれば、嗚呼これほどに日本語の世界も奥深くて曖昧で、歴史的に多様で、規範意識に馴染まないものであったか、ということが分かっていただけるかもしれない。

そこで、本書は日本語の講義ではあるけれど、だからといって、日本語上達の手引きというわけではありませんよ、という意味で「へそまがり」なのである。

ただ、こういうことだけは、著者として是非分かって欲しい。

というのは、つまり、そのくらい「ことば」というものは摑みどころのない存在なのだから、俗論的に「ラ抜きはけしからん」とか「今の若いものは言葉遣いがなっとらんな」とか言うのはよしにして、もっと各人が自分自身の「ことば」に自覚的になって、注意深く言葉を発したい、ということである。

言葉への自覚、こそは、人が大人としてはずかしくない物言いをし文章を書くための、王道であり捷径である、とそういうことだけは、とくに声を大にして言っておきたいのである。

西紀二〇〇〇年皐月其日

菊籬高志堂の北窓下にして識す

著者

林望読者サロン「菊籬高志堂」(きくりこうしどう)では会員を募集しています。

問い合わせは同事務局(〒184-0004東京都小金井市本町5-14-10-604)まで郵便でお寄せください。

林望公式ホームページ http://i.am/rymbow も随時更新中です。

初出:『ほんとうの時代』1997年10月号〜1999年11月号連載
JASRAC 出0007721-001

PHP新書

PHP INTERFACE
http://www.php.co.jp/

林 望［はやし・のぞむ］

1949年東京生まれ。作家、書誌学者。慶應義塾大学卒業、同大学院博士課程修了。ケンブリッジ大学客員教授、東京藝術大学助教授等を歴任。専門は、日本書誌学・近世国文学。『イギリスはおいしい』（平凡社・文春文庫）で日本エッセイスト・クラブ賞、『ケンブリッジ大学所蔵和漢古書総合目録』（ケンブリッジ大学刊、八木書店発売）で国際交流奨励賞、『林望のイギリス観察辞典』（平凡社）で講談社エッセイ賞受賞。『古今黄金譚』（平凡社新書）、『書斎の造りかた』（光文社カッパブックス）、『往生の物語』（集英社新書）、『知性の磨きかた』（PHP新書）など著書多数。

日本語へそまがり講義

（PHP新書 120）

二〇〇〇年八月四日 第一版第一刷

著者――林 望
発行者――江口克彦
発行所――PHP研究所
東京本部――〒102-8331 千代田区三番町3-10
学芸出版部 ☎03-3239-6221
普及一部 ☎03-3239-6233
京都本部――〒601-8411 京都市南区西九条北ノ内町11
制作協力――PHPエディターズ・グループ
装幀者――芦澤泰偉＋野津明子
印刷所
製本所――図書印刷株式会社

ISBN4-569-61213-X

ＰＨＰ新書刊行にあたって

「繁栄を通じて平和と幸福を」(PEACE and HAPPINESS through PROSPERITY)の願いのもと、ＰＨＰ研究所が創設されて今年で五十周年を迎えます。その歩みは、日本人が先の戦争を乗り越え、並々ならぬ努力を続けて、今日の繁栄を築き上げてきた軌跡に重なります。

しかし、平和で豊かな生活を手にした現在、多くの日本人は、自分が何のために生きているのか、どのように生きていきたいのかを、見失いつつあるように思われます。そして、その間にも、日本国内や世界のみならず地球規模での大きな変化が日々生起し、解決すべき問題となって私たちのもとに押し寄せてきます。

このような時代に人生の確かな価値を見出し、生きる喜びに満ちあふれた社会を実現するために、いま何が求められているのでしょうか。それは、先達が培ってきた知恵を紡ぎ直すこと、その上で自分たち一人一人がおかれた現実と進むべき未来について丹念に考えていくこと以外にはありません。

その営みは、単なる知識に終わらない深い思索へ、そしてよく生きるための哲学への旅でもあります。弊所が創設五十周年を迎えましたのを機に、ＰＨＰ新書を創刊し、この新たな旅を読者と共に歩んでいきたいと思っています。多くの読者の共感と支援を心よりお願いいたします。

一九九六年十月

ＰＨＰ研究所